Weitere Titel siehe letzte Seite.

Ein WAS IST WAS Buch

Kriminalistik

Dem Täter auf der Spur

Von Dr. Rainer Köthe

Illustriert von Peter Klaucke
und Frank Kliemt

Fachliche Beratung:
Kriminalhauptkommissar Hans Wölfel,
Kriminalpolizei Frankfurt

Die Waage zum Abwägen der Beweise und das Richtschwert als Symbol der Macht – so wird die Gerechtigkeit „Justitia“ dargestellt.

Tessloff Verlag

Vorwort

„Mädchen im Park ermordet!", „Selbstmord in der Badewanne!", „Raubüberfall auf Sparkasse, Täter erschoß Kassierer!" – Schlagzeilen wie diese lesen wir jeden Tag in der Tageszeitung, hören wir in Rundfunk- und Fernsehnachrichten. Längst haben wir uns an die alltägliche Gewalt gewöhnt. Wir merken nur noch bei besonders grausamen oder von geheimnisvollen Umständen begleiteten Verbrechen auf. Im übrigen genießen wir die höchst reißerisch dargestellten Fälle der Taschenbuch- oder Fernsehkrimis und stören uns nicht daran, daß sie mit dem realen Polizeialltag wenig gemeinsam haben. Doch hinter jeder dieser Schlagzeilen, das sollten wir nicht vergessen, liegt ein menschliches Drama, in das nicht nur Opfer und Täter verwickelt sind, sondern auch das Umfeld – Eltern, Freunde, Arbeitskollegen.

Manchmal scheint die Welt heute voller Verbrechen zu stecken, unsicherer und gewalttätiger zu sein als früher. In Wirklichkeit gibt es Verbrechen, seit es Menschen gibt, und Geschichtsforscher wissen nicht nur von grausamen Verbrechen und Verbrechern früherer Zeiten zu berichten, sondern auch von unmenschlichen Strafen, mit denen man einst Übeltäter abschrecken wollte.

Heute besitzen wir weit bessere Möglichkeiten, Straftätern auf die Spur zu kommen. Die Kriminalpolizei bedient sich der modernsten technischen und wissenschaftlichen Hilfsmitteln, um etwa am Ort einer Straftat die Spuren zu sichern, die der Täter hinterließ, sie im Kriminallabor zu untersuchen, daraus Hinweise auf den Täter zu gewinnen und ihm, ist er erst ermittelt, die Tat zweifelsfrei nachweisen zu können.

Staunenswert sind die Leistungen, die dabei vollbracht werden. Von ihnen handelt dieses WAS IST WAS-Buch. Es nimmt den Leser mit an den Tatort, verfolgt die weitere Arbeit im Kriminallabor und in den gekachelten Sälen der Gerichtsmediziner und erzählt, wie sich die Kriminalisten heute der Gentechnik, Computer und Hochleistungsmikroskope bedienen. Schließlich stellt es die heutigen Möglichkeiten der Fahndung, aber auch die besonderen Probleme der Kriminalpolizei mit Wirtschaftsverbrechen und organisierter Kriminalität dar.

In der Regel läuft das Wirken der Kriminalisten recht unbeachtet von der Öffentlichkeit ab. Zum Teil ist das notwendig, um Tätern die Arbeit nicht zu leicht zu machen. Daher versteht sich dieses Buch auch als ein Danksagung an die stille, für unsere allgemeine Sicherheit aber so notwendige, mühevolle Arbeit der Kriminalpolizei.

WAS IST WAS, Band 98

Dieses Buch ist auf chlorfrei gebleichtem Papier gedruckt.

Bildquellennachweis:
Fotos: Archäologisches Landesmuseum, Schleswig: S. 6 o; Bavaria Bildagentur, Gauting: S. 1; Bildarchiv Preußischer Kulturbesitz, Berlin: S. 6 ul, 6 ur, 7, 12; Bild der Wissenschaft, Stuttgart: S. 21 o Steger, 24 Steger, 25 Steger, 26 Steger, 27 u Steger, 28 m Henseler, 28 u Henseler, 29 Henseler, 30 Steger, 31 Henseler; Bundeskriminalamt, Wiesbaden: S. 3, 19, 28 o, 40; Deutsche Presse-Agentur, Frankfurt a.M.: S. 8, 18, 42, 44, 45, 48; Greenpeace/Hewetson, Hamburg: S. 43; Kriminalpolizeidirektion – K33, Nürnberg: S. 16, 17, 21 u, 41; Landeskriminalamt, Stuttgart: S. 27 o, 37; Poliklinik für zahnärztliche Prothetik, Erlangen: S. 35; Ullstein Bilderdienst, Berlin: S. 9, 10, 11; ZDF, Mainz: S. 13.
Illustrationen: Peter Klaucke: S. 4/5, 14/15, 22/23, 32/33, 38/39, 46/47; Frank Kliemt: S. 20, 25, 36.
Umschlagfotos: Bild der Wissenschaft, Stuttgart: oben u. Mitte – Henseler; Bildagentur Schuster: unten.
Umschlagillustration: Peter Klaucke

ISBN 3-7886-0661-4

Inhalt

Das Böse lauert immer und überall

Am Ort des Verbrechens

Spuren, die zum Täter führen

Was Tote erzählen können

Die Jagd nach dem Täter

Mikroskopische Untersuchung eines Lacksplitters, der nach einem Autounfall mit Fahrerflucht am Tatort zurückblieb. Bei der Jagd nach dem Täter werden heute modernste wissenschaftliche und technische Mittel eingesetzt.

Das Böse lauert immer und überall

Warum begehen Menschen Verbrechen?

Mord und Totschlag, Raub und Diebstahl, Betrug und Brandstiftung – die Geschichte des Verbrechens ist so alt wie die Menschheit selbst. Die Phantasie des Menschen ist offenbar unerschöpflich, wenn es darum geht, Vorteile für sich zu erlangen, auch wenn dabei Mitmenschen zu Schaden kommen. Vor Jahrtausenden mögen es Streitigkeiten gewesen sein, die mit Körperverletzung oder gar dem Tod eines der Beteiligten endeten, oder die Begehrlichkeit nach Vieh, Nahrungsvorräten oder der Frau eines Dorfgenossen. Habgier und Bereitschaft zur Gewalt sind heute

noch die wichtigsten Gründe für Verbrechen. Aber in unserer komplizierter gewordenen Gesellschaft sind auch die Methoden vielfältiger geworden, Menschen möglichst unauffällig zu töten oder sich fremdes Eigentum anzueignen.
Das erste Verbrechen – und jahrtausendelang eines der häufigsten – war Mord. Schon in der Bibel tötete Kain seinen Bruder Abel aus Neid. Die alten Überlieferungen, etwa Sagen und Chroniken, strotzen geradezu von Geschichten darüber, wie Konflikte durch Mord gelöst wurden. Selbst Könige und andere Herrscher griffen häufig zu diesem Mittel, zumal sie dank ihrer Machtstellung kaum befürchten mußten, für ihre Taten zur Verantwortung gezogen zu werden.
Besonders häufig war Mord an Menschen anderen Glaubens, anderer Hautfarbe oder an „Aufrührern", die den Herrscher nicht anerkennen wollten. So ließ die (katholische) französische Königin Katharina

Sherlock Holmes hat eine Spur entdeckt. Verbrechen und ihre Aufklärung haben die Menschen stets fasziniert – auch wenn es sich bei diesem Meisterdetektiv um eine erfundene Figur handelt.

Gefesselte Moorleiche – Ausdruck der Angst, der Tote könnte wiederkehren und Rache üben.

von Medici 1572 in einer Nacht Tausende von (protestantischen) Hugenotten niedermetzeln. Die Geschichte der Kolonisation überseeischer Gebiete ist auch eine Geschichte unsäglicher Grausamkeiten, des Völkermords und der Versklavung der dortigen Menschen. Das Vordringen des „weißen Mannes" mit Billigung der Regierung mußten in den Vereinigten Staaten Millionen von Indianern mit dem Tode bezahlen. Die Nationalsozialisten unter Hitler brachten sechs Millionen Juden um, dazu Zigeuner, Homosexuelle und Geisteskranke. Und schließlich sind Kriege oft nichts anderes als staatlich legalisierter und sogar befohlener Mord an fremden Soldaten und Zivilisten. So ist es kein Wunder, wenn in kriegerischen und chaotischen Zeiten allgemein die Gewaltbereitschaft unter den Menschen ansteigt.

Gibt es geborene Verbrecher?

Es hat immer Menschen gegeben, die angriffslustiger waren und die weniger das Risiko scheuten als andere und sich nicht um die Gesetze und Regeln kümmerten, die das Zusammenleben der Menschen bestimmten. Doch das Verhältnis der Gesellschaft zu ihren verbrecherischen Mitgliedern hat sich mehrfach gewandelt. Lange Zeit glaubte man, Mörder und andere Schwerverbrecher seien von Dämonen oder vom Teufel „besessen". Selbst nach ihrem Tod sei das Böse in ihnen noch nicht erloschen, sie könnten aus dem Grabe aufstehen und erneut Untaten begehen.

So verbrannte man nach der Hinrichtung ihre Leichen und streute die Asche in einen Fluß. Oder aber man fesselte die toten Körper. Das kann man an vielen „Moorleichen" sehen, die vor Jahrtausen-

Die „Bartholomäusnacht" – die blutige Ermordung der Hugenotten in Paris 1572 – ist ein Beispiel für staatlich geförderten Mord.

Massenmord von Amts wegen: Selektion der Häftlinge vor dem Vernichtungslager Auschwitz 1944 – Gaskammer oder Tod durch schwere Arbeit.

den in die norddeutschen Moore versenkt wurden und auf diese Weise erhalten blieben. In manchen Gebieten trieb man zugespitzte Pfähle durch die Toten, um sie im Grab festzuhalten – von dieser Sitte berichten zum Beispiel die Vampirsagen. Um die Mitte des 18. Jahrhunderts, in der Zeit der „Aufklärung“, warf man den Glauben an Teufel und Dämonen über Bord und sah den Menschen als vernunftbestimmtes Wesen. Es konnten demnach keine dunklen Mächte sein, die einen

Mit grausamsten Methoden wurden angebliche Hexen gefoltert und verbrannt – Zeichnung von 1514.

Menschen zum Bösen trieben. Verbrechen beging vielmehr, wer den „krummen Weg“ als praktischere und einfachere Methode zum Erreichen seiner Ziele ansah an Stelle einer rechtmäßigen Lebensweise mit regelmäßiger, mühsamer Arbeit.
1859 veröffentlichte der Biologe Charles Darwin seine Lehre von der Entwicklung der Lebewesen, die Evolutionstheorie. Vielfach wurde sie mißverstanden als Entwicklung vom Niederen zum Höheren, also etwa vom Fisch über Reptilien zu den Säugetieren. Oder vom Affen über den „Wilden“ zum zivilisierten Menschen. Da-

Lucrezia Borgia galt (wie wir heute wissen, zu Unrecht) jahrhundertelang als skrupellose Giftmörderin.

nach galten Verbrecher als Menschen mit älteren, primitiven Erbanlagen, als „moderne Wilde“. Der italienische Gefängnisarzt Lombroso glaubte sogar nachweisen zu können, daß sich Verbrecher in vielen körperlichen und geistigen Merkmalen von „normalen“ Menschen unterscheiden. Es gäbe danach geborene Verbrecher, die ihre Veranlagung auch vererbten.
Inzwischen hat man diese Ansichten widerlegen können. Heute sehen wir den Verbrecher vielfach als Produkt der Gesellschaft, in der er lebt: Verbrecher werden nicht geboren, sondern dazu gemacht. Wer in einer Umgebung aufwächst und lebt, in der man sich gegenseitig kennt und jeglichen Verstoß gegen die „guten Sitten“ streng verurteilt und zumindest für verachtenswert hält, neigt kaum zu Straftaten. Ganz anders als Menschen, die entwurzelt oder in „schlechte Gesellschaft“ geraten sind. Wer als Kind oft von seinen Eltern verprügelt wurde oder häufige gewalttätige Szenen zwischen Vater und Mutter miterleben mußte, ist auch selbst eher bereit, Konflikte mit Gewalt zu „lösen“. Schließlich erhöht auch die große Zahl von Gewalttaten, die Fernsehen und Videofilme zeigen, die Neigung zu eigener Gewaltanwendung. Gerade in Großstädten und industriellen Ballungsgebieten lebt man oft nebenein-

Ein 16jähriger Hamburger spritzt sich eine Dosis Heroin. In Großstädten ist die Rauschgift-Kriminalität ein großes Problem.

ander, ohne daß man auch nur den Nachbarn kennt. Daher gibt es dort statistisch gesehen rund viermal so viele Straftaten pro Einwohner wie in Kleinstädten und Dörfern. In vielen Jugendbanden gelten „Mutproben" und mitunter auch Straftaten wie Ladendiebstahl oder Handtaschenraub nicht zuletzt wegen des Risikos und des damit verbundenen höheren Ansehens in der Gruppe als erstrebenswert. Wer aber erst einmal erfolgreich auf die „schiefe Bahn" geraten ist, bleibt häufig dabei, wie die große Zahl von Wiederholungstätern zeigt.

Dennoch sind Gewalttaten in Deutschland nicht besonders häufig. Unter allen Straftaten – zur Zeit sind es rund sieben Millionen pro Jahr – liegen Mord und Totschlag mit 0,1 Prozent am unteren Ende. Selbst Raub und räuberische Erpressung sind mit knapp einem Prozent noch eher selten zu nennen. Weitaus häufiger sind Diebstahl und Einbruchdiebstahl (zusammen über 60 Prozent). Dafür wird freilich nahezu jeder Mord aufgeklärt: Oft stammt der Täter aus dem nächsten Umfeld des Opfers und wird gleich „„mitgeliefert" oder stellt sich selbst – nicht selten ist es der Ehepartner oder ein guter Bekannter. Dagegen ist die Aufklärungsquote bei Diebstählen und Einbrüchen beklagenswert niedrig: Nur jeder zweite Dieb und jeder siebte Einbrecher (14 Prozent) werden gefaßt. Bei Fahrradklau (8 Prozent Aufklärungsquote) und Autodiebstahl (11 Prozent) ist das Risiko, erwischt zu werden, noch weit niedriger.

Freilich genießen Gewalttaten bei Zeitungen und im Fernsehen die weitaus höchste Aufmerksamkeit. Sie werden besonders ausführlich geschildert und oft mit grausigen Bildern illustriert. So verzerren die dicken Schlagzeilen der Boulevard-Zeitungen die Kriminalitäts-Wirklichkeit: Ein Bundesbürger ist sehr viel stärker gefährdet, durch einen Autounfall ums Leben zu kommen als durch einen Mord.

Ausländerfeindliche Krawalle wie hier in Rostock zeigen die zunehmende Bereitschaft vieler junger Menschen zur Gewalt gegen Mitbürger.

Hängen, Vierteilen, Verbrennen. Auspeitschen, Ersäufen, Köpfen, Verstümmeln, Rädern – im Mittelalter versuchte man mit grausamen Strafen, Verbrecher abzuschrecken.

Warum verhängte man früher so harte Strafen?

In früheren Jahrhunderten hatten es Verbrecher oft leicht, denn Polizei gab es kaum, und die Möglichkeiten zur Flucht waren sehr groß. So suchte man ertappte Täter mit grausamen Strafen abzuschrecken. Mörder, besonders Eltern- oder Kindsmörder, Ketzer und Brandstifter sowie der Hexerei beschuldigte Frauen und Männer wurden mit dem Tod durch Hängen, Vierteilen (Auseinanderreißen des Körpers mit vier Pferden), Rädern (Brechen der einzelnen Knochen mit einem schweren Rad) oder Verbrennen auf dem Scheiterhaufen bestraft, in besonders schweren Fällen verbunden mit zusätzlichen Qualen durch Schläge oder Brennen und Hinauszögern des von den Schmerzen erlösenden Todes.

Schon damals war man der Ansicht, daß ein einmal straffällig Gewordener zu erneuten Verbrechen neigt, und suchte ihn daher zu kennzeichnen. Im Mittelalter nutzte man dazu Verstümmelungen: Dieben schnitt man die Ohren ab, Meineidigen einen Finger, Räubern die Nase, und Betrügern schlitzte man die Ohren auf – noch heute ist der Ausdruck „Schlitzohr“ im Gebrauch. Bis ins vorige Jahrhundert war auch Brandmarken üblich: In England brannte man einem Dieb ein „Brandmal“ in die Hand, in Frankreich je nach Art des Vergehens Buchstaben auf die Haut, in Österreich zusätzlich das Kronland, in dem die Akten über den Täter geführt wurden.

Verurteilen freilich, das schrieb schon damals die Rechtsordnung vor, konnte man in der Regel nur Täter, die das Verbrechen zugegeben hatten. Wer trotz deutlicher Verdachtsmomente nicht freiwillig gestehen wollte, wurde der „peinlichen Befragung“ unterzogen, dem Verhör unter der Folter. Die Art ihrer Anwendung war gesetzlich genau vorgeschrieben und mußte vom Richter überwacht werden. Es gab mehrere Grade, vom einfachen Vorführen der Folterinstrumente bis zu verschiedenen, höchst schmerzhaften Torturen, die oft beliebig verschärft und verlängert wurden. Auf diese Weise gestanden freilich manche Menschen Taten, die sie nie begangen hatten, einfach um die unerträglichen Schmerzen zu beenden.

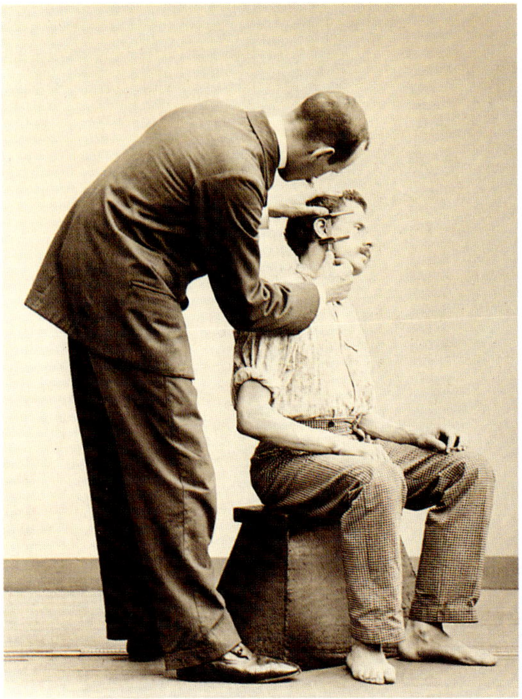

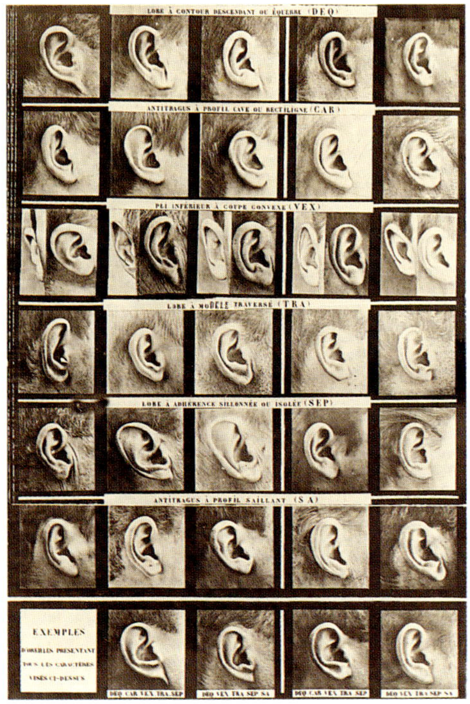

Der Franzose Bertillon entwickelte ein System zum Wiedererkennen von Verbrechern anhand ihrer Körpermaße. Zum Beispiel wurden die Ohrmuscheln vermessen und die Ergebnisse samt Fotos in „Ohrmuschelkarten" gespeichert.

Wie hat sich die moderne Verbrechensbekämpfung entwickelt?

Erst ab Mitte des 18. Jahrhunderts verboten immer mehr Staaten dieses unmenschliche Verfahren zum Erpressen eines Geständnisses und ersetzten es durch andere Beweisverfahren (in manchen Ländern wird allerdings heute noch gefoltert). Nun kam es darauf an, daß der Richter die Aussagen der Zeugen und des Tatverdächtigen sowie Beobachtungen am Opfer und am Tatort mit Hilfe logischen Denkens bewertete, damit das Geständnis unbestreitbar wurde.
In dieser Zeit begannen sich auch die Naturwissenschaften rasch zu entwickeln. Sie halfen, unanfechtbare Beweise zu sichern. Mit chemischen Methoden ließen sich etwa Giftmorde beweisen und die Art des verwendeten Giftes feststellen. Andere Verfahren zeigten, ob dunkle Flecken in der Kleidung des möglichen Täters von Blut oder etwa von Rost herrührten. Mediziner konnten durch Untersuchung der Leiche Ursache und Zeitpunkt des Todes immer genauer bestimmen. Mit der Fotografie und dem Fingerabdruckverfahren hatte man schließlich Mittel in der Hand, Täter auch dann wiederzuerkennen, wenn sie sich andere Namen und falsche Ausweise zugelegt hatten. So entstand die Wissenschaft von der Verbrechensaufklärung und -verhinderung, nach dem lateinischen Wort „crimen" für Verbrechen Kriminalistik genannt.

Wie ist Scotland Yard entstanden?

Auch die Kriminalpolizei als speziell für die Verbrechensaufklärung zuständige Institution ist ein Kind des 19. Jahrhunderts. Damals setzte sich die Einsicht durch, daß man Straftätern nicht mit schwerer Bewaffnung und prächtigen Uniformen, sondern nur durch List, Spürsinn und geduldiges Sammeln von Informationen beikommen konnte.
Gerade Großstädte waren schon damals von Verbrechern aller Art in hoher Zahl heimgesucht, weil hier die größte Beute zu holen war und sie im Menschengewühl leicht „untertauchen" konnten. In London etwa herrschten jahrhundertelang chaotische Zustände. Selbst am Tag wurde ge-

raubt, geplündert und gemordet. Man schätzt, daß rund 30 000 Menschen ausschließlich von Einbruch und Diebstahl lebten. Polizei gab es nicht, denn die Londoner fürchteten, der König würde die Polizisten benutzen, um die Rechte der Bürger einzuschränken. Statt dessen hatten die Bürger selbst Hilfskräfte angestellt, die Verbrecher aufspüren sollten. Zum Teil waren diese „Detektive“ ehemalige Kriminelle, was ihnen bei ihrer Aufgabe half. Aber sehr viele waren bestechlich: Gegen Geld drückten sie auch beide Augen zu. Die Folge: Das Verbrechertum blühte weiterhin, die Zustände verschlimmerten sich immer mehr.

Schließlich gründete 1829 der englische Staatssekretär des Inneren, Sir Robert Peel, eine eigene schlagkräftige Polizeitruppe von über 1000 Polizisten. Diese scherzhaft „Bobbys“ genannten, nur mit Schlagstock und Trillerpfeife „bewaffneten“ Beamten (Bobby ist die Koseform von Robert) bezogen ein Gebäude, das zuvor den schottischen Königen bei ihren Aufenthalten in London als Wohnsitz gedient hatte und daher „Scotland Yard“ hieß. Einige übernahmen kriminalistische Aufgaben.

Ein „Londoner Bobby“. Traditionsgemäß sind diese Polizisten nicht mit Schußwaffen ausgestattet.

Gerade wegen der Abneigung der Londoner gegen eine staatliche Polizeitruppe hielten sie sich von Anfang an strikt an bestimmte Grundsätze, zu denen besondere Höflichkeit gegenüber möglicherweise Unschuldigen gehörte sowie die Rechtsgrundsätze, daß ein Beschuldigter nicht zur Aussage gezwungen werden darf und solange als unschuldig gilt, bis er verurteilt ist. Heute ist Scotland Yard mit über 30 000 Beamten eine der größten Kriminalpolizeien der Welt und sicher die berühmteste.

Auch Paris war damals wegen der Napoleonischen Kriege ein Hort des Verbrechens; die Polizei hatte vor allem die Aufgabe, politische Gegner zu unterdrücken. Daher gründete François Vidocq 1810 die „Sûreté“ (Sicherheit), die wohl älteste Kriminalpolizei der Welt. Vidocq konnte zu jener Zeit bereits auf eine kriminelle Karriere zurückblicken und war mehrfach verurteilt und eingekerkert worden und wieder ausgebrochen. Schließlich lebte er unerkannt als Kleinhändler in Paris. Seine ehemaligen Unterwelt-Kumpane aber hatten ihn aufgespürt und erpreßten ihn – bis er es schließlich leid wurde, sich der Polizei stellte und gleichzeitig anbot, eine spezielle Polizeitruppe zur Verbrechensbekämpfung aufzuziehen. Angesichts der ständigen eigenen Mißerfolge ging der Polizeichef schließlich auf dieses Angebot ein, und Vidocq machte sich unverzüglich ans Werk. In immer neuen Verkleidungen mischten er und seine Mitarbeiter – ebenfalls ehemalige Kriminelle – sich unter die Verbrecher und sammelten in Lasterhöhlen, Kneipen, geheimen Ver-

François Eugène Vidocq (1775–1857), selbst zuvor ein Sträfling und Spion, gründete 1810 die französische Kriminalpolizei Sûrete.

brecherunterschlüpfen und in den Gefängnissen Informationen. Dank ihrer intimen Kenntnis des „Geschäfts“ konnten sie das unauffällig tun – und mit Erfolg: Binnen eines Jahres brachten sie mehr als 800 Kriminelle hinter Gitter. Mit der Zeit wurden freilich die kriminellen Zuträger der Sûreté durch normale, unbescholtene Beamte ersetzt, aber der Einsatz von Spitzeln ist auch heute noch üblich und für die Arbeit der Polizei unerläßlich. Man spricht heute vom V-Mann – das V steht für Vertrauens-, Verbindungsmann.
In Deutschland gab es schon 1811 erste Ansätze für eine Kriminalpolizei. Aber die wenigen Beamten hatten nur örtliche Befugnisse, sie konnten nicht Verbrecher verfolgen, die quer durchs Land reisten. Erst 1922 wurde, nach mehreren spektakulären, unaufgeklärten Verbrechen, eine für ganz Deutschland zuständige Kriminalpolizei geschaffen. Nach dem Zweiten Weltkrieg übernahmen die Landeskriminalämter – von denen in jedem Bundesland eines existiert – die Verbrechensbekämpfung; besonders schwere Verbrechen sowie solche, die über die Grenzen eines Bundeslandes hinausgehen, bearbeitet das Bundeskriminalamt (BKA) in Wiesbaden.

Was ist „Interpol“?

Die Öffnung der Grenzen in den letzten Jahrzehnten und der intensive Reiseverkehr kommen auch dem Verbrechertum zugute. Dem muß auch die Kriminalpolizei Rechnung tragen. Seit 1956 gibt es die „Internationale Kriminalpolizeiliche Organisation“ (IKPO), um Verbrechen in internationalem Maßstab zu verfolgen. Besser bekannt ist sie unter ihrem Telegrammkürzel „Interpol“. Insbesondere geht es um Rauschgifthandel, illegale Waffengeschäfte und Falschgeldherstellung, aber auch um die Verfolgung von Verbrechern, die ständig im Ausland Straftaten begehen und dann wieder in ein anderes Land reisen, etwa Scheckbetrüger. Auch Einbrecher und Räuber arbeiten immer internationaler.
Heute gehören Interpol 151 Länder an. Die Zentrale ist in der französischen Stadt Lyon. Jedes Land hat ein eigenes Zentralbüro; in Deutschland hält das Bundeskriminalamt die Verbindung zu Interpol. Eigene Fahndungsbeamte oder Polizisten freilich besitzt Interpol nicht.
Über Datenleitungen sind alle Büros miteinander verbunden, so daß ein Fahndungsersuchen oder eine Bitte um Verhaftung binnen Minuten alle erreicht. Allerdings besitzt Interpol keine Zuständigkeit in politischen und militärischen Angelegenheiten. Damit können Verbrechen wie Spionage, Straftaten von Politikern und Kriegswaffenhandel nicht über die Organisation verfolgt werden. Selbst die Bekämpfung des Terrorismus ist schwierig, denn einige Mitgliedsstaaten sehen ihn als politische Straftat an.

Seit jeher zieht das Verbrechen die allgemeine Neugier auf sich. Was für Menschen sind das, die andere umbringen? Zeigt sich in ihnen das Böse, vielleicht der Teufel selbst? Wie kann man ihnen auf die Spur kommen, damit schließlich das Gute siegt? Um 1734 brachte der französische Rechtsanwalt François Gayot de Pitaval, der von 1673 bis 1743 lebte, eine Sammlung „Ausgewählter und lesbarer Fälle“ heraus. Das Buch wurde ein großer Erfolg und verbreitete sich in ganz Europa. So wurde die Sammlung auch nach dem Tod Pitavals weitergeführt. Der Dichter Friedrich von Schiller übersetzte 1794 den „Pitaval“ ins Deutsche. Ebenso wie E.T.A. Hoffmann und Heinrich von Kleist schrieb er auch selbst Erzählungen über Verbrechen.

Spiegeln Kriminalromane die Realität wider?

Doch mit der Zeit genügte die vergleichsweise trockene Sammlung echter Fälle den Lesern nicht mehr. So entstanden die literarischen Gattungen Detektivroman, Kriminalroman und „Thriller“.

Als Urvater der Detektivgeschichten gilt der amerikanische Schriftsteller Edgar Allan Poe (1809 bis 1849). Die wichtigsten Elemente, die später alle Detektivgeschichten auszeichnen sollten, finden sich schon in seiner ersten Geschichte „Die Morde in der Rue Morgue“, die 1841 erschien: Ein Detektiv (C. August Dupin), typischerweise ein zurückgezogen lebender Privatmann, kommt durch genaue Beobachtungen am Tatort und logische Schlußfolgerungen dem Täter – in diesem Fall einem ausgebrochenen Affen – auf die Spur und erweist sich damit als weit schlauer als die Polizei.

ZDF-Kommissar Derrick im Kampf gegen das Verbrechen: Fernsehkrimis erzielen hohe Einschaltquoten, sind allerdings wenig realitätsnah.

Der berühmteste Autor von Detektivgeschichten war der schottische Arzt Arthur Conan Doyle (1859 bis 1930), der die Figur des Sherlock Holmes und seines Begleiters Dr. Watson schuf – so lebensecht geschildert, daß noch heute Briefe von begeisterten Lesern an der erfundenen Adresse „221 B, Baker Street“ in London eintreffen. Holmes bediente sich schon damals nicht nur seines scharfen logischen Verstandes, sondern nutzte auch ausgiebig naturwissenschaftliche Methoden und nahm damit die Entwicklung der Kriminalistik des 20. Jahrhunderts vorweg. Bis zum Zweiten Weltkrieg galten die Sherlock-Holmes-Bücher ganz offiziell als „Pflichtlektüre“ für angehende Kriminalisten.

Wer war Sherlock Holmes?

Während ein Detektivroman nicht das Verbrechen selbst schildert, sondern nur den Gang der Aufklärung, zeigt der Kriminalroman das Verbrechen und seine Aufklärung durch einen Kriminalkommissar. Einer der bekanntesten ist der „Kommissar Maigret“ des Belgiers George Simenon. Aber auch Fernsehkommissare wie Derrick und Schimanski gehören in diese Sparte.

Der Thriller (vom englischen to thrill = erschauern lassen, erregen) schließlich versucht, Untaten möglichst spannungsgeladen, brutal und reißerisch darzustel-

len. Bei der Aufklärung kommt es weniger auf Logik an, vielmehr verblüfft und überrascht der Autor den Leser mit ungewöhnlichen Zusammentreffen. Einer der bekanntesten Thriller-Autoren mit über 1000 Erzählungen und 173 Romanen – darunter so bekannte wie „Der Hexer" oder „Die toten Augen von London" – ist der englische Schriftsteller Edgar Wallace (1875 bis 1932).
Auch Frauen haben erfolgreiche Romane um das Verbrechen geschrieben. Bekannt ist etwa Agatha Christie (1890 bis 1976) mit ihrem Detektiv Hercule Poirot oder ihrer Heldin Miss Marple, einer alten Dame mit Spürsinn und Durchsetzungsvermögen. Die 80 Romane von Agatha Christie wurden mehr als 300 Millionen mal verkauft, und ihr Kriminalstück „Die Mausefalle" wird seit 1952 ununterbrochen in einem Londoner Theater aufgeführt.
Wer freilich meint, diese Literatur zeige den Alltag der heutigen Verbrechensbekämpfung, täuscht sich gewaltig. Sicher ist logisches Denken eine auch bei modernen Kriminalisten wichtige Fähigkeit, doch Detektive à la Sherlock Holmes spielen hier keine Rolle. Auch sind die Fälle selten so vergleichsweise einfach und übersichtlich (zumindest im nachhinein), wie es die Romane schon aus literarischen Gründen zeigen müssen. In Wirklichkeit kommt es vor allem auf genaue Feststellung und Auswertung der Spuren am Tatort und in der Umgebung des möglichen Täters an sowie auf langwierige Zeugensuche und -befragung. Ein moderner Kriminalbeamter muß sich, im Gegensatz zu den Romanhelden, auch sehr genau an die gesetzlichen Bestimmungen halten, und er muß alle Phasen seiner Arbeit genauestens schriftlich festhalten, so daß er einen großen Teil seiner Zeit im Büro verbringt. Und schließlich ist moderne Verbrechensaufklärung Teamarbeit. Große Einzelgänger wie in Romanen und Fernsehstücken hätten kaum eine Chance.

Am Ort des Verbrechens

Warum darf man am Tatort nichts verändern?

Es kann einem Polizisten jederzeit geschehen, daß er plötzlich an den Ort eines Verbrechens gerufen wird und ein blutverschmiertes Zimmer betreten muß, in dem ein Toter, vielleicht schon seit mehreren Tagen, in einer Lache dunkel geronnenen Blutes liegt. Das ist natürlich nichts für zarte Gemüter.

Oberste Regel ist jetzt: Nichts verändern, was nicht unbedingt nötig ist, denn jede Handlung kann wichtige Spuren verwischen. Dennoch nötige Änderungen muß er sofort notieren. Zum Beispiel muß er einem Schwerverletzten natürlich Erste Hilfe leisten oder bei einem reglos daliegenden Menschen prüfen, ob möglicherweise noch Leben in ihm steckt. Dabei muß der Polizeibeamte aber den Körper vielleicht herumdrehen – und gerade die genaue Lage eines Toten gibt oft Aufschluß über den Ablauf der Tat. Rauchen, sich irgendwo anlehnen oder gar hinsetzen ist grundsätzlich verboten.

Aber dazu ist auch keine Zeit, denn nun muß der Beamte den Tatort sofort weiträumig absperren, damit nicht Neugierige (oder gar unerkannt der Täter) Spuren verwischen können. Dazu gehören auch Zugangs- und Fluchtwege, etwa das Treppenhaus, der Fahrstuhl oder der Gartenweg. Die Personalien anwesender Leute sind zu notieren, damit sie später als Zeugen befragt werden können. Natürlich muß er sofort die Kriminalpolizei alarmieren. Die Mordkommission übernimmt dann die weitere Spurensicherung.

Der Kommissar am Tatort: Zunächst müssen jetzt in sorgfältiger Arbeit die Spuren gesichert werden, die zum Täter führen.

Bei allen Kriminalpolizei-Dienststellen gibt es spezielle Kommissionen zur Bearbeitung von Tötungsdelikten. Zu ihnen gehören erfahrene Beamte, die sich mit der Sicherung von Spuren besonders gut auskennen. In einem „Tatortkoffer“ haben sie alles nötige Werkzeug, und sie können jederzeit zusätzliche Hilfe anfordern – bei der Aufklärung einer schweren Straftat, zumal bei flüchtigem Täter, kann es auf jede Minute ankommen. Immerhin ist es möglich, daß der Mörder weitere Verbrechen begeht.

Was tut die Mordkommission?

Der Leiter dieser Kommission organisiert vom Mordalarm an das weitere Verfahren: Er bestimmt, was am Tatort geschieht, er benachrichtigt den Staatsanwalt und unter Umständen die Presse.

Mord in einem Waldstück. Hier werden die am Tatort aufgefundenen Gegenstände genau vermessen und beschrieben.

Zuerst verschafft er sich ein Bild von dem, was geschehen ist. Er beantwortet vorläufig die Frage, ob es sich um Mord, Selbstmord oder Unfall handelt. Wenn es Mord war – wie ist er vor sich gegangen? Welche Waffe hat der Täter benutzt? Wie ist er hereingekommen, wurde er eingelassen oder hat er die Tür aufgebrochen? Wie hat er den Tatort verlassen? Gibt es Anzeichen über den Zeitpunkt der Tat und das Motiv? Diese Fragestellung nennt man „Die sieben W“: Wer hat wann, wo, was, wie, womit und warum getan?

Auch für die Mordkommission ist oberstes Gebot: Keine Spuren vernichten, jede Handlung, jede vorgefundene Einzelheit als erstes festhalten. So wird zunächst ausgiebig ins Diktiergerät gesprochen und der Tatort aus allen Richtungen vermessen, fotografiert und skizziert. Alle gefundenen Erkenntnisse werden in einem „Tatortbericht“ festgehalten, der etwa bei Einbruch zwei bis drei Seiten lang ist, bei größeren Verbrechen wie Mord jedoch ein halbes Buch dick sein kann. Denn es kann noch nach Monaten oder Jahren, bei der Gerichtsverhandlung gegen den Täter, wichtig sein, den Tatort exakt zu rekonstruieren. Während der Untersuchung weiß noch niemand, welche Einzelheit später möglicherweise besonders entscheidend ist. Also wird zunächst praktisch alles festgehalten. Das kann Stunden, ja sogar Tage dauern.

Was geschieht mit der Leiche?

Am wichtigsten ist natürlich die Leiche selbst. Ihre genaue Lage und ihr Zustand wird festgehalten. Ist sie entkleidet – zumal bei einer weiblichen Leiche könnte das für einen Sexualmord sprechen. Wo sind Blutflecken oder sichtbare Verwundungen? Klammert der Tote etwas fest – eine Pistole zum Beispiel

oder Haare oder Kleidungsfetzen, die er bei einem Kampf dem Täter abgerissen hat? Die Körpertemperatur der Leiche gibt – wenn nicht mehr als einige Stunden seit der Tat verstrichen sind – Aufschluß über den Zeitpunkt des Todes. Es wird geprüft, ob die Totenstarre eingesetzt hat oder vielleicht schon wieder im Abklingen ist. Schließlich wird der Tote vorsichtig abtransportiert und im gerichtsmedizinischen Labor weiter untersucht.
Am Tatort wird mittlerweile fleißig weitergesammelt. Blutspuren werden genau festgehalten und, wenn sie noch frisch sind, mit einer sterilen Pipette in ein sauberes Glasgefäß gefüllt oder wenigstens mit sauberem Leinen oder Filterpapier aufgenommen und getrocknet. Blutbefleckte Gegenstände werden sichergestellt. Mit Hilfe der Blutuntersuchung läßt sich oft der Täter feststellen oder überführen. Auch schon getrocknete Blutflecken sind wertvoll, notfalls werden sie zur Mitnahme aus sperrigen Möbeln herausgesägt. Aus der Form von Blutspritzern läßt sich zum Beispiel ablesen, ob sie aus kleiner Entfernung oder aus großer Höhe herabgetropft sind oder ob sie bei einer Bewegung davongeschleudert wurden (siehe Abbildung auf S. 20).

Konservieren vergänglicher Spuren: Der Beamte gießt Reifen und Fußspuren mit Gips aus, um einen Abdruck herzustellen.

Feines Puder macht Fingerabdrücke an der Bierflasche am Tatort sichtbar. Stammen sie vom Opfer – oder vielleicht vom Mörder?

Wie werden Fingerabdrücke gesucht?

Zu den wichtigsten Maßnahmen gehört die Suche nach Fingerabdrücken. Denn sie stellen, falls vorhanden, ein unverwechselbares Merkmal des Täters dar. Alle Gegenstände werden mit feinem schwarzen (oder bei dunklen Gegenständen hellem) Pulver bestäubt. Da es nur an den Talg- und Schweißspuren der Finger haftet, wird der Abdruck sichtbar. Er wird fotografiert und mit einem durchsichtigen Klebeband abgenommen, wobei der Fundort jeweils exakt notiert wird. Andere Gegenstände, an denen sich vielleicht Abdrücke finden, packen die Beamten in Plastikbeutel oder Spezialkoffer und nehmen sie mit – im Labor lassen sich mit speziellen Techniken selbst Jahre alte Fingerabdrücke sichtbar machen. Im gerichtsmedizinischen Labor werden auch die Fingerabdrücke des Toten genommen, so daß sie später von denen des Tä-

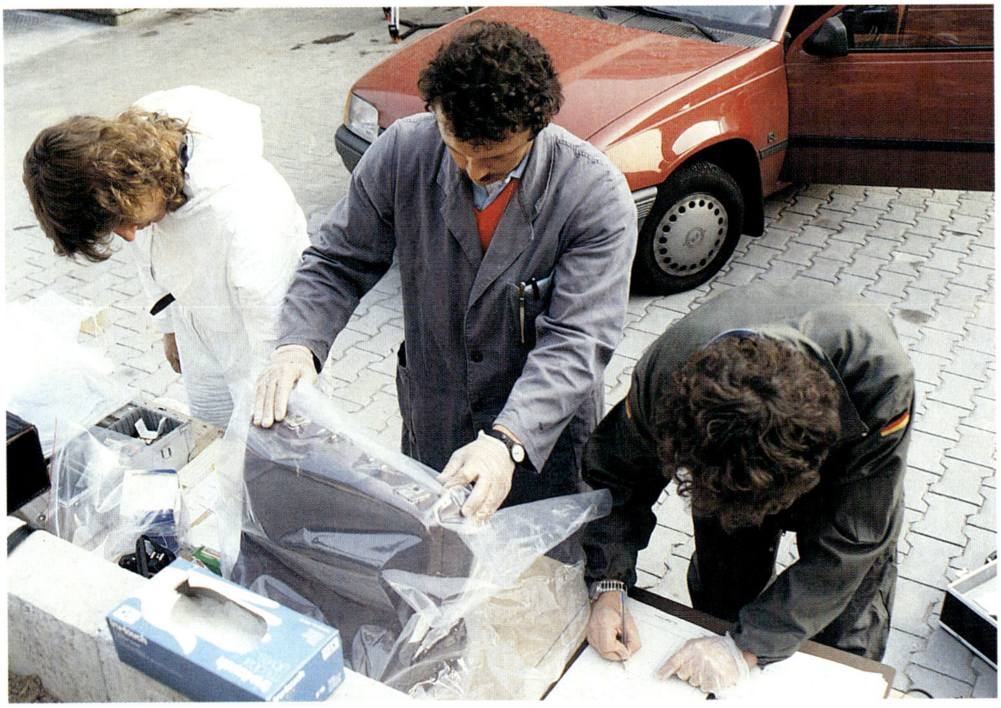

Nach dem terroristischen Mord an Gerold von Braunmühl untersuchen Experten des Bundeskriminalamtes das Fluchtfahrzeug der Attentäter und ihr Gepäck.

ters oder zufälliger Besucher unterschieden werden können.
Herumliegende Nahrungsmittel und Getränke in Gläsern und Flaschen sowie gegebenenfalls Erbrochenes werden in Plastikbehälter abgefüllt und sichergestellt, denn sie könnten Gifte oder Schlafmittel enthalten. Auch Zigarettenkippen nehmen die Beamten mit, denn selbst mittels anhaftender Speichelreste kann ein Täter mitunter überführt werden. Durch Aufsaugen des Raumes mit einem kleinen Staubsauger sichert die Kommission Fasern, die vielleicht von der Kleidung des Täters stammen, Erde und Pflanzenteile, die er an seinen Schuhen hereintrug, und Haare, die er verloren hat. Solche „Mikrospuren" sind mit bloßem Auge gar nicht zu erkennen, die mikroskopische Untersuchung im Labor aber kann wertvolle Aufschlüsse liefern.
Wenn Schußwaffen benutzt wurden, sind natürlich Geschosse und Geschoßhülsen sicherzustellen, denn sie geben Informationen über die Art der verwendeten Waffe. Die Spezialisten im Kriminallabor können sogar nachweisen, ob eine bestimmte Patrone aus einer vorliegenden Waffe abgefeuert wurde. Dazu muß allerdings das Projektil schonend – möglichst mit OP-Handschuhen und Pinzette, damit Spuren weder verwischt noch neu geschaffen werden – geborgen werden. Steckt es zum Beispiel in der Tür, sägt man das Stück Holz heraus, in dem es steckt.
Die Bestimmung der Schußrichtung ist am günstigsten am Tatort im Rahmen einer Rekonstruktion des Tatablaufs zu machen. Für das Vermessen ist daher der Auffindeort des Projektils, der Lageort der Hülse und eine eventuell von der Kugel durchschlagene Fensterscheibe wichtig. Erst danach sichern die Experten das Projektil selbst.

Was verrät die Wohnung über Opfer und Täter?

Sind alle empfindlichen Spuren festgehalten, suchen die Beamten der Mordkommission nach weiteren Informationen. Liegen zum Beispiel irgendwo Notizzettel oder Telefonbüchlein? Sie könnten unter den verzeichneten Namen auch den des Täters enthalten. Was befindet sich im Papierkorb? Schubladen und Schranktüren werden vorsichtig mit einem durch den Schlüsselgriff gesteckten Bleistift geöffnet und durchsucht. Sind Wertsachen wie Schmuck oder Kunstgegenstände vorhanden oder liegen irgendwo Sparkassenbücher? Wenn zum Beispiel Geld oder Schmuckstücke noch da sind, ist ein Raubmord wenig wahrscheinlich, dann liegt vermutlich ein anderes Tatmotiv vor. Oder gibt es Rechnungen über Wertgegenstände, die vielleicht verschwunden sind?

Es kommt viel auf die Erfahrung, Sorgfalt und Kombinationsgabe der einzelnen Mitglieder der Mordkommission an. Denn Spuren, die sie nicht finden und sichern, sind vielleicht für immer verloren. Die Zeit arbeitet gegen die Kriminalbeamten. Das gilt natürlich besonders, wenn der Tatort im Freien liegt und Wind, Wetter und Tieren ausgesetzt ist.

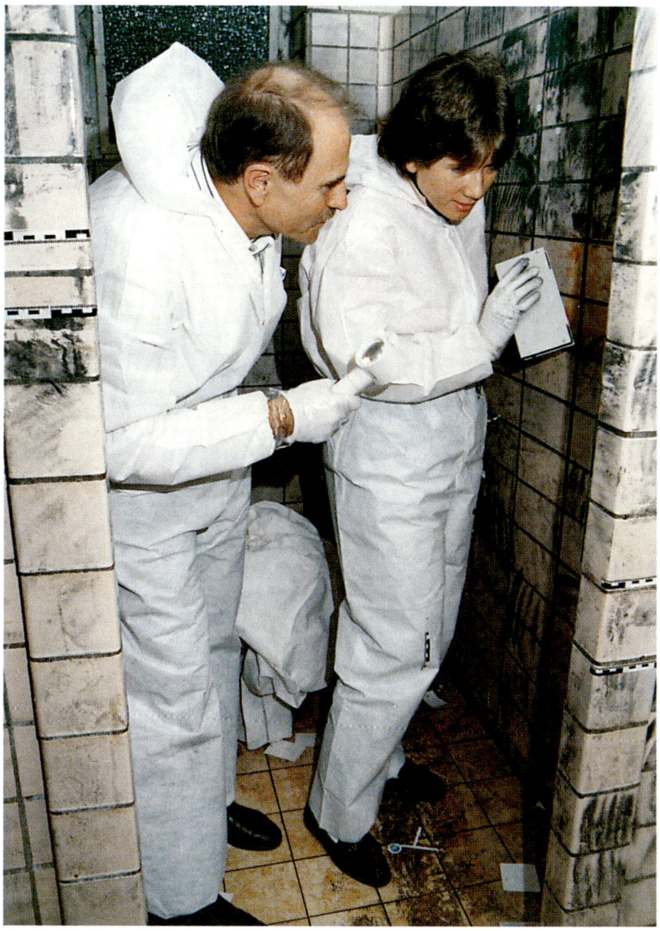

Sicherung von Blutspuren an der Wand einer Toilette. Die Einmal-Schutzanzüge sollen das Hineintragen fremder Spuren verhindern.

Zum Tatort gehört auch die nähere Umgebung, falls dort Spuren der Tat gefunden werden. So gehört außer dem Mordzimmer die gesamte Wohnung, das Treppenhaus, ein vielleicht vorhandener Aufzug oder das Auto des Opfers dazu. Alles prüfen die Beamten auf Fingerabdrücke und vielleicht vorhandene Blutspuren. Sie suchen einen geharkten Gartenweg nach Fußabdrücken ab und durchforschen gegebenenfalls die Umgebung nach der Tatwaffe oder vielleicht bei der Flucht verlorenen oder weggeworfenen Gegenständen. Ist der Täter bekannt, werden auch seine Wohnung und vielleicht sein zur Flucht benutztes Auto gründlich unter die Lupe genommen, gegebenenfalls auch das Versteck von Beute oder Tatwerkzeugen. Damit erweitert sich der Untersuchungsbereich, den die Kriminalbeamten bearbeiten müssen, oft beträchtlich. Zudem sind sie verpflichtet, alle – auch scheinbar unwichtige – Einzelheiten zu dokumentieren.

Hat die Mordkommission ihre Arbeit beendet, wird in schweren Fällen der Tatort versiegelt. Denn während der Auswertung der Spuren im Kriminallabor oder beim Verhaften des möglichen Täters können neue Erkenntnisse auftauchen, die weitere Untersuchungen notwendig machen.

Wie können Zeugen zur Aufklärung der Tat beitragen?

Während ein Teil der Kripobeamten am Tatort nach Spuren sucht, ermitteln andere im persönlichen Umkreis des Opfers. Sie befragen Nachbarn, Verkäufer in der Nachbarschaft und wenn möglich Verwandte und Arbeitskollegen des Opfers. Wichtig ist alles, was vom alltäglichen Lauf der Dinge abwich. Was weiß man über das Opfer und seinen Lebenswandel? Hat das Opfer vielleicht in letzter Zeit ungewöhnliche Gewohnheiten gezeigt oder seltsame Bemerkungen gemacht? Wen hat es mit in die Wohnung genommen? Stand vielleicht ein fremdes Auto vor der Tür? Hat ein Nachbar zum Zeitpunkt der Tat ungewöhnliche Geräusche in der Tatwohnung gehört, etwa den Lärm eines Kampfes oder gar Hilferufe? Sah man jemanden aus dem Haus kommen, vielleicht sogar flüchten?

All diese Aussagen werden schriftlich festgehalten und ausgewertet. Das erfordert viel Erfahrung. Gerade zu Beginn der Untersuchungen, wenn der Tatablauf noch nicht genau bekannt ist, müssen die Fragen notgedrungen etwas allgemein sein. Viele Menschen erinnern sich auch nicht sofort an alle Einzelheiten. Zudem sind nicht alle Zeugen gleich zuverlässig – im Gegenteil: Immer wieder müssen die Kriminalisten feststellen, daß jemand felsenfest von einem bestimmten Sachverhalt überzeugt ist, der sich dann doch als klar erkennbarer Irrtum herausstellt – zumal, wenn die Tat schon einige Zeit zurückliegt. Außerdem könnte der Täter unter den Befragten sein – die meisten Mörder sind im Bekannten- oder Verwandtenkreis ihres Opfers zu finden. Er wird natürlich versuchen, den wahren Sachverhalt zu vertuschen und die Beamten von sich abzulenken. Deshalb werden alle Aussagen auf offenkundige Lügen abgeklopft.

Darüber hinaus prüft die Mordkommission natürlich, ob die einzelnen Aussagen der Zeugen übereinstimmen oder ob sie auffällige Unstimmigkeiten enthalten. Auch dies liefert Hinweise auf die Glaubwürdigkeit und Zuverlässigkeit.

Erwähnt einer der Befragten eine Person, die vielleicht weitere Informationen liefern kann, so versucht man, auch diese aufzufinden und zu befragen – in der Hoffnung, immer näher an den Täter heranzukommen. Es kann auf diese Weise Tage, sogar Wochen dauern, bis alle Befragungen abgeschlossen sind, der Täter gefunden ist und festgenommen werden kann.

Wenig Sinn freilich hat die langfristige Überwachung des Tatortes. Entgegen landläufiger Meinung treibt es einen Verbrecher nur sehr selten zum Tatort zurück.

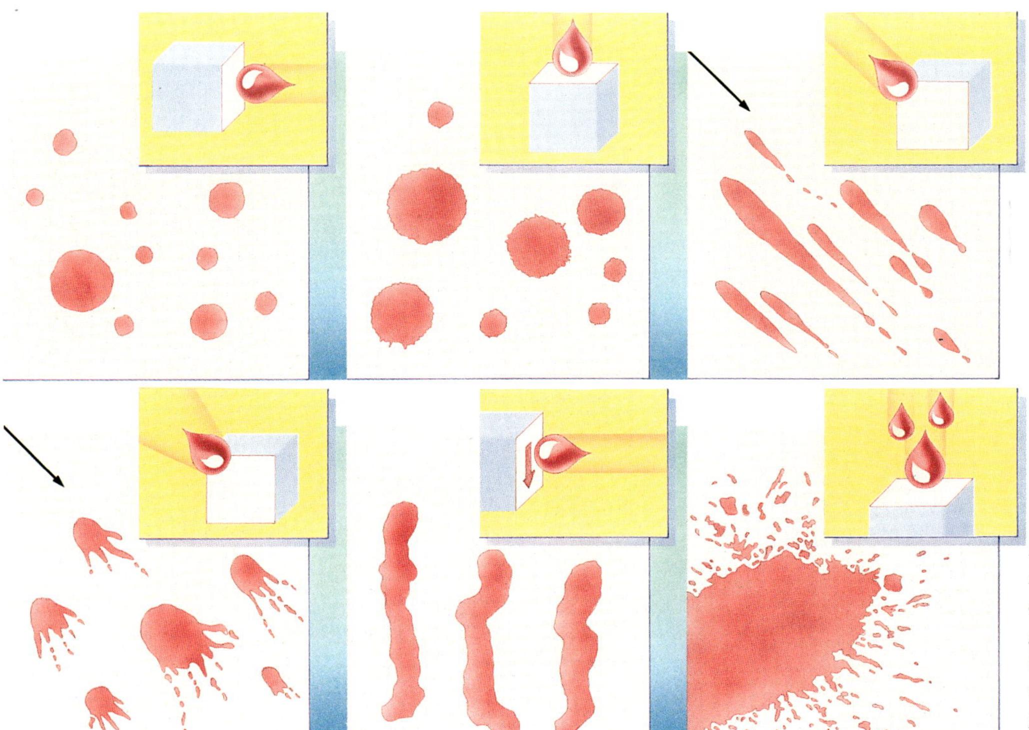

Form und Größe von Blutspritzern verraten, ob das Blut aus großer oder geringer Höhe herabgetropft ist, oder ob es, etwa bei einem Kampf, gegen die Wand geschleudert wurde.

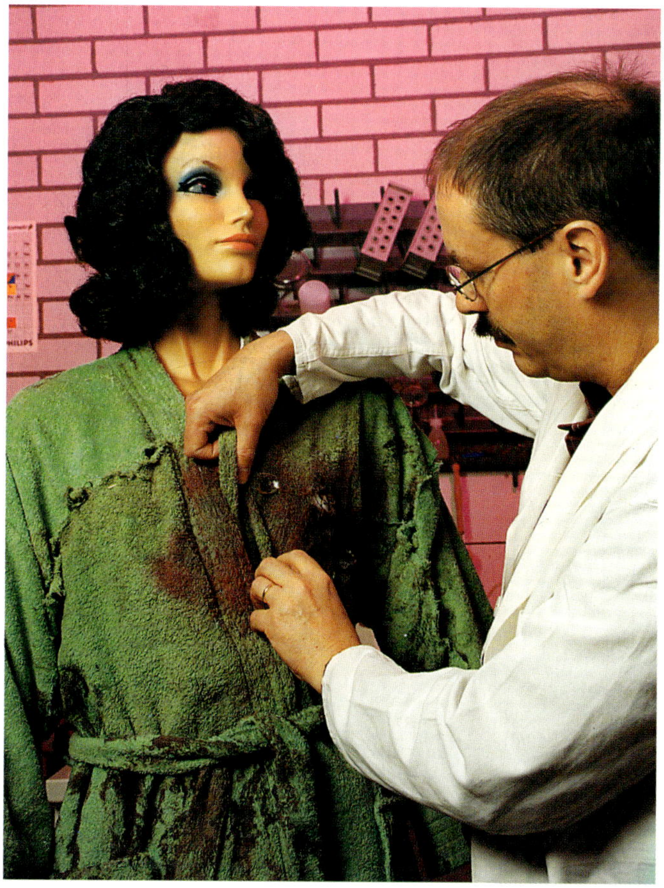

Einschußuntersuchungen an einem blutigen Bademantel: Wie viele Schüsse trafen? Von wo kamen sie? Könnte es sich um Selbstmord handeln?

Kann man die Blutspuren eines Verbrechens wegwaschen?

Es gibt aber auch Verbrecher, die nach der Tat den Ort des Geschehens nicht fluchtartig verlassen, sondern versuchen, möglichst viele Spuren zu vernichten oder gar falsche Fährten zu legen. Mitunter haben sie dazu tage- oder wochenlang Zeit – zum Beispiel, wenn ein Ehemann seine Frau ermordet hat, den Nachbarn gegenüber aber behauptet, sie sei verreist. Natürlich wird es dann erheblich schwieriger, die genauen Umstände der Tat zu rekonstruieren. Aber es ist dank der modernen kriminalistischen Spürtechniken nicht unmöglich.

Viele Mörder waschen vor allem die Blutspritzer mit viel Seifenwasser fort, bis nichts mehr zu sehen ist. Doch selbst scharfe Reinigungsmittel vernichten nicht an allen Stellen die Blutspuren; winzige, mit bloßem Auge unsichtbare Reste bleiben meist in Dielenritzen, in Teppich oder Tapete, an verborgenen Stellen der Möbel oder in Kleidungsstücken und Schuhen zurück; im Auto in den Polstern oder in Ritzen im Blech des Kofferraums. Auch wenn der Täter etwa blutverschmierte Kleidung verbrannt hat, sind im und am Ofen oft noch Spuren vorhanden. Es kommt für den Kriminalisten nur darauf an, sie aufzufinden.

In solchen Fällen bedient man sich der „Lumineszenz-Methode“: Im abgedunkelten Raum sprüht man eine Lösung zweier Stoffe (Luminol und Wasserstoffperoxid) auf die verdächtigen Stellen. Wenn auch nur winzige Mengen frischen oder eingetrockneten Blutes vorhanden sind, leuchtet der Fleck nun gespenstisch bläulich-grün auf. Das Blut wird dabei nicht verändert, es kann hinterher im Polizeilabor noch weiter untersucht werden – etwa zur Klärung, ob es von Tier oder Mensch stammt und zu welcher Blutgruppe es gehört.

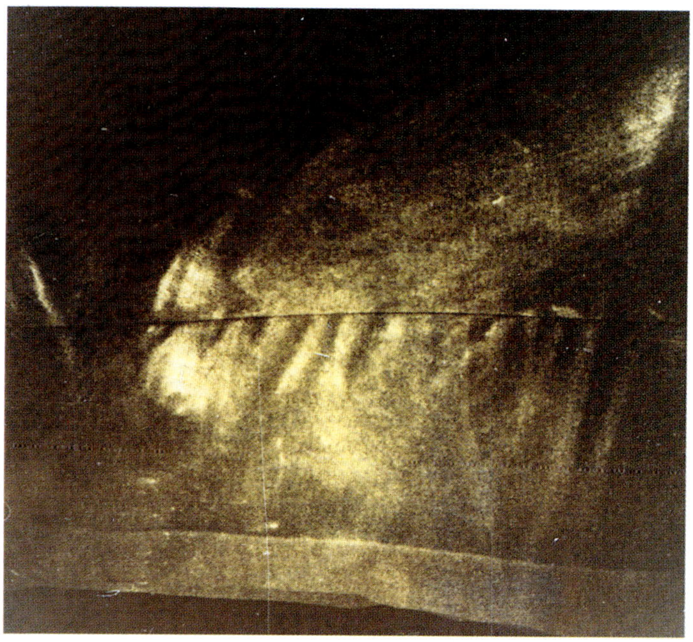

Winzige, sonst unsichtbare Blutflecken leuchten geheimnisvoll auf, wenn man die Stelle mit der Chemikalie Luminol besprüht.

Spuren, die zum Täter führen

Wie wertet das Kripo-Labor Mikrospuren aus?

Es gibt kein Verbrechen, das keine Spuren hinterläßt. Manche sind unübersehbar – ein Ermordeter oder Schwerverletzter, aufgebrochene Türen oder Fenster, vielleicht ein aufgeschweißter Tresor – andere sind sehr unauffällig. Wichtig ist, sie zu finden – und seien sie noch so winzig – und zu deuten, um mit ihrer Hilfe den Tathergang zu entschlüsseln, vielleicht den Täter zu finden, einem Verdächtigen die Tat zu beweisen oder auch einen unschuldig Verdächtigten zu entlasten.
In den letzten Jahrzehnten haben moderne Verfahren der Naturwissenschaft, die ursprünglich zu ganz anderen Zwecken entwickelt wurden, in die Labors der Kriminalpolizei Einzug gehalten und die Aufklärung von Verbrechen anhand der Spu-

Fingerabdruck-Vergleich, mikroskopische Untersuchungen, Schußwaffen-Identifizierung – die wissenschaftlichen Experten in den Labors der Kriminalpolizei verfügen heute über eine Vielzahl von Geräten und Methoden zum Aufspüren von Tätern.

ren gewaltig vorangebracht. Hatte der Romandetektiv Sherlock Holmes im wesentlichen seine Lupe, so stehen der Kripo heute Geräte wie Gas-Chromatographen, Massenspektrometer, Raster-Elektronenmikroskope, Laser und Hochleistungs-Computer zur Verfügung, dazu riesige Sammlungen von Vergleichsmaterial und Informationen – und Spezialisten wie etwa Chemiker, Physiker, Biologen, Mediziner und Zahnmediziner, Ballistiker (Schußwaffenexperten), Gentechniker und Computerexperten.

Was läßt sich mit dem Mikroskop feststellen?

Wichtigstes Instrument des Kriminalisten ist das Mikroskop. Fast alle angelieferten Gegenstände werden zunächst mikroskopisch untersucht, besonders natürlich die Staub- und Faserproben vom Tatort. Bei starker Vergrößerung offenbaren sich erstaunliche Einzelheiten:

- Winzige Fasern verraten, daß der Mörder eine grüne Hose aus Baumwollstoff und einen braunen Wollpullover trug.
- Verlorene Haare zeigen, daß er blond war; kurze Haarschnipsel deuten darauf, daß er erst kürzlich beim Friseur war.
- Blütenstaub von Kiefern im Hosenaufschlag eines Verdächtigen widerlegen seine Behauptung, er sei nicht im Wald gewesen.
- Die Bruchstelle eines am Brandherd gefundenen verkohlten Streichholzes paßt genau in eine Lücke in einem Streichholzheft, das der Tatverdächtige in der Tasche trug.
- Ein großer Schraubenzieher, der offenbar für einen Einbruch benutzt wurde, trägt winzige Spuren der Farbe, mit der die aufgehebelte Tür gestrichen war.
- Die Buchstaben eines Erpresserbriefes zeigen bei starker Vergrößerung typische Eigenheiten, zum Beispiel fehlerhafte Typen, die auf die vom Täter verwendete Schreibmaschine schließen lassen.

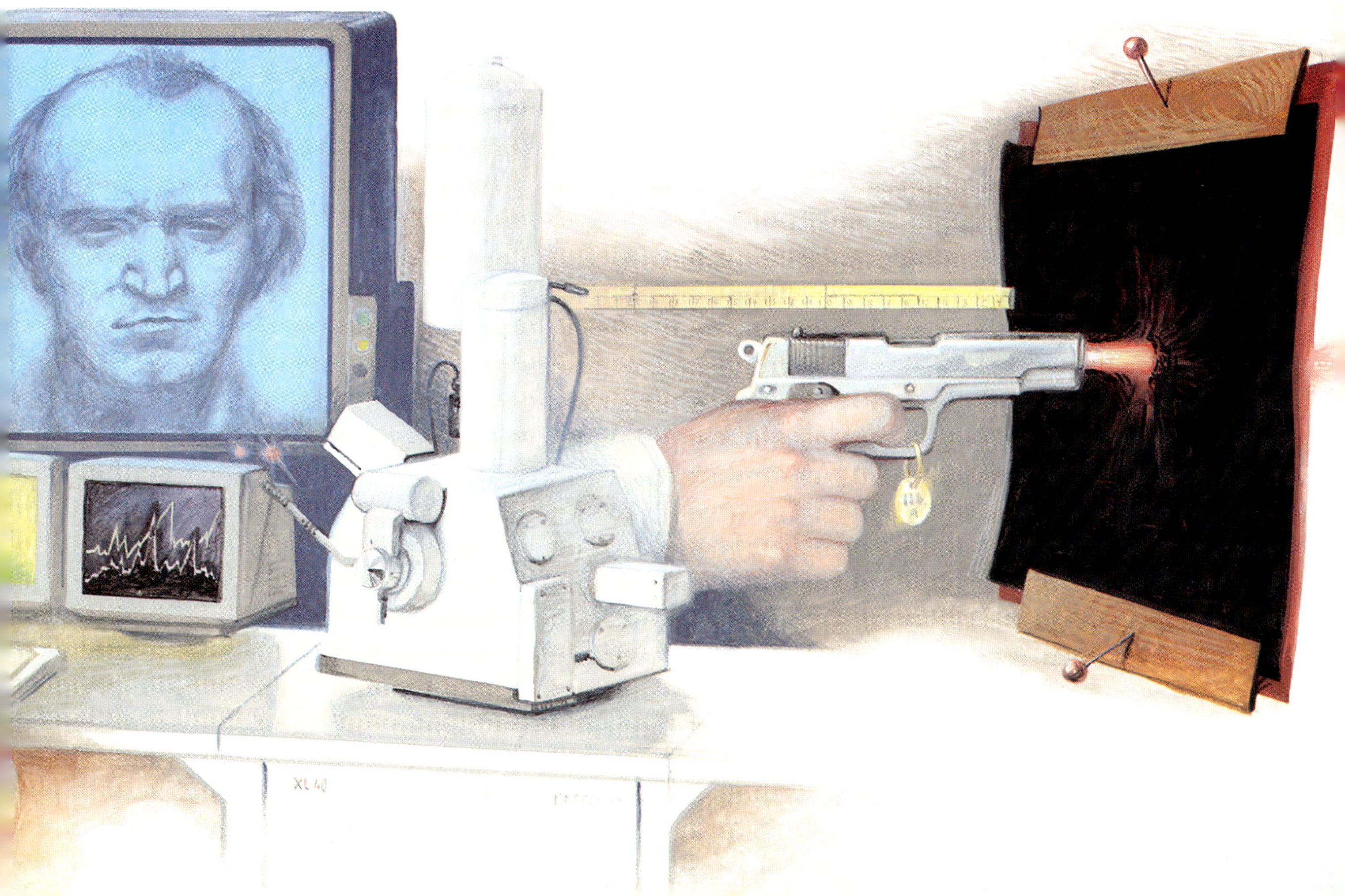

Die maximale Vergrößerung eines Lichtmikroskops von etwa 1500fach reicht freilich für viele Untersuchungen nicht aus. Bis zu 100 000fach vergrößert das Raster-Elektronenmikroskop (REM). Es arbeitet nicht mit Licht, sondern mit einem haarfeinen Elektronenstrahl, der zeilenweise über die Probe geführt wird und beim Auftreffen seinerseits Elektronen freisetzt – je nach Beschaffenheit der jeweiligen Stelle mehr oder weniger. Ein Detektor nimmt sie auf und steuert je nach Zahl der aufgefangenen Elektronen die Helligkeit eines Leuchtstrahls, der auf einem Bildschirm Zeile für Zeile das vergrößerte Bild der Probe darstellt. Es kann

Mit dem Raster-Elektronenmikroskop kann man Teilchen in Schmauchspuren genau untersuchen und sogar chemisch analysieren.

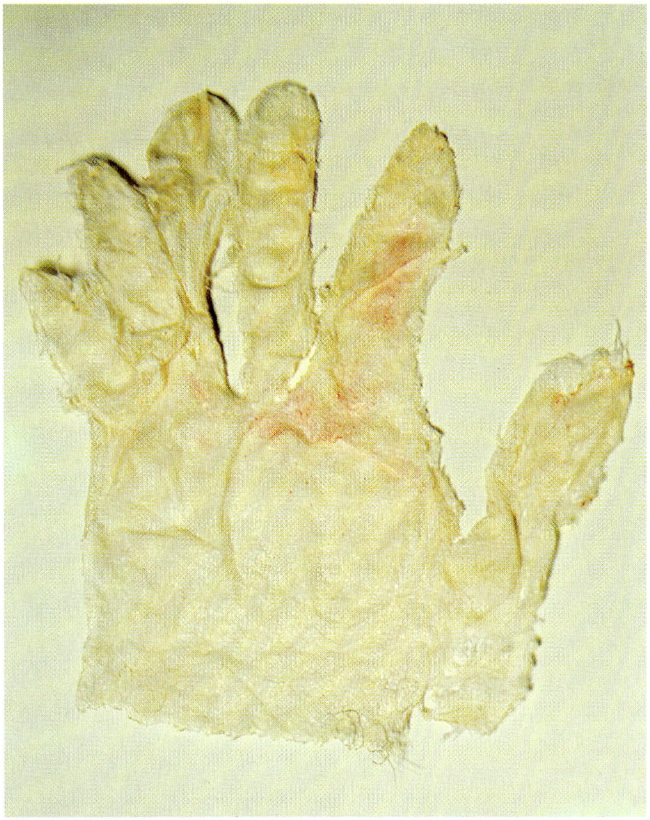

Jeder Schuß hinterläßt verräterische „Schmauchspuren" auf der Hand. Hier wurden sie mit Kunststoff abgenommen und sichtbar gemacht.

elektronisch gespeichert oder abfotografiert werden.
Das REM kann jedoch noch mehr. Beim Auftreffen des Elektronenstrahls auf die Probe entstehen auch Röntgenstrahlen. Deren Wellenlänge liefert Informationen über die chemische Zusammensetzung der jeweiligen Stelle der Probe. So verrät zum Beispiel ein am Tatort einer Fahrerflucht gefundenes, vielleicht nur Bruchteile eines Millimeters großes Lacksplitterchen oder eine dünne Lackabschürfung vom Täterwagen nicht nur dessen Farbe, sondern auch die Zusammensetzung der einzelnen Schichten der Lackierung. Anhand der Vergleichssammlung einer kriminaltechnischen Abteilung des BKA ist es so möglich, Marke, Typ und Baujahr des Fahrzeugs zu identifizieren. Winzige Schweißperlen im Overall eines des Bankraubs Verdächtigen lassen sich nicht nur als solche erkennen, sondern überführen den Safeknacker aufgrund ihrer chemischen Zusammensetzung auch, einen ganz bestimmten Tresor aufgeschweißt zu haben. Bestimmte Spuren auf der Haut der Hand eines Verdächtigen lassen sich aufgrund ihres Gehaltes an den chemischen Elementen Barium, Blei und Antimon als „Schmauchspuren", also Rückstände vom Pulverdampf eines Schusses, bestimmen. Die zerfetzten Reste eines Koffers nach einem Flugzeugabsturz verraten nicht nur, daß darin eine Bombe war, sondern auch die Art des Sprengstoffs.

Winzigste Stoffmengen lassen sich mit Gaschromatograph und daran angeschlossenem Massenspektrometer trennen und einzeln analysieren.

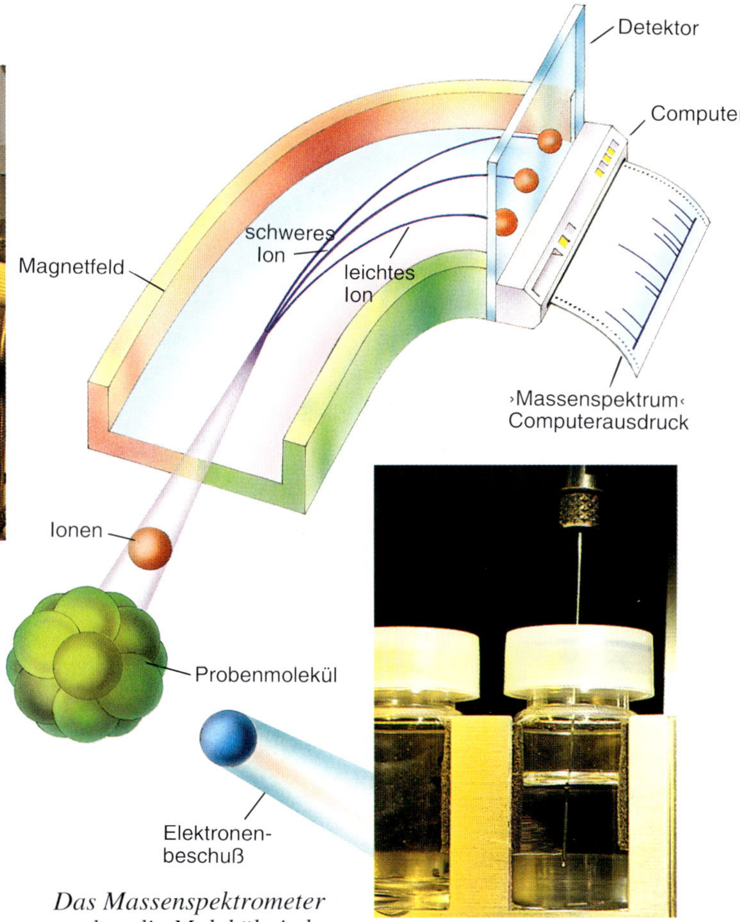

Das Massenspektrometer spaltet die Moleküle jedes Stoffs auf und trennt die Bruchstücke im Magnetfeld – so entsteht ein „Fingerabdruck" jeder Substanz. Rechts automatische Probenentnahme für den Gaschromatographen.

Wie bestimmt man kleinste Stoffmengen?

Der Nachweis der chemischen Zusammensetzung selbst bei winzigen Substanzmengen hat sich zu geradezu unvorstellbarer Empfindlichkeit entwikkelt. Mit Hilfe der Gaschromatographie lassen sich zum Beispiel flüssige oder gasförmige Stoffe selbst dann noch nachweisen, wenn weniger als ein Billionstel Gramm davon in der Probe enthalten ist – das entspricht einigen Kilogramm Zucker, aufgelöst in der Wassermenge des Bodensees.

Die Stoffe werden dazu mit einem Lösungsmittel aus der Probe herausgelöst und in einen Gasstrom gespritzt, der durch eine Spule aus einem Dutzende von Metern langen, feinen Röhrchen fließt. Die einzelnen Bestandteile des Stoffgemisches verdampfen und veranstalten jetzt eine Art Wettrennen: Je nach ihren Eigenschaften bleiben sie unterwegs mehr oder weniger lange hängen, so daß sie die Röhre einzeln und nacheinander verlassen und von einem hochempfindlichen Detektor registriert werden. Die Dauer des Durchgangs von Probe- und Vergleichssubstanzen läßt Rückschlüsse auf die Art der einzelnen Gemischbestandteile zu. Ist ganz unklar, um welche Stoffe es sich handelt, leitet man den Gasstrom nach dem Passieren der Röhre gleich weiter zu einem „Massenspektrometer". Dieses rund eine halbe Million Mark teure Gerät zerlegt die Moleküle jeder Substanz in unterschiedlich große Bruchstücke, die elektrisch geladen sind und daher nach ihrer Größe mit Hilfe elektrischer und magnetischer Felder getrennt werden können und so für jede Substanz ein unverwechselbares Muster ergeben.

Solche Geräte zeigen zum Beispiel selbst in verkohltem Holz noch Reste von Benzin oder Petroleum, die auf Brandstiftung deuten. In Blutspritzern, Urin, Getränken oder im Mageninhalt finden sie kleinste Spuren von Giften oder Drogen und zeigen an, um welchen Stoff es sich handelt.

Blick in die Waffenkammer: Zu Vergleichszwecken unterhalten die Kriminalämter umfangreiche Schußwaffensammlungen.

Was für Spuren hinterlassen Schußwaffen?

Es gibt kaum eine Tatwaffe, die so deutliche Spuren hinterläßt wie eine Pistole oder ein Gewehr. Auf der Schußhand des Schützen schlagen sich Pulverteilchen nieder, die tief in die Haut eindringen und trotz mehrfachen Waschens noch Tage später nachweisbar sind. Auch Kleidung oder Haut des Opfers können bei Schußentfernungen bis zu etwa zwei Metern Schmauchspuren aufweisen.
Darüber hinaus geben die Art der Munition, der verwendeten Waffe und die Wirkung des Geschosses im Körper Aufschluß über die Strecke zwischen Schütze und Opfer – eine Pistolenkugel kann mehr als einen Kilometer weit fliegen, eine Jagdwaffe trägt sogar über 5000 Meter. Lage von Geschoßeintritts- und -austrittswunde und der Weg des Geschosses geben Auskunft darüber, aus welcher Richtung der Schuß traf. Die Eintrittsstelle ist dabei erkennbar am grauen, ein bis drei Millimeter breiten „Abstreifring" aus Pulverschmauch, Ölresten und Rostteilchen aus dem Lauf der Waffe, die dem Geschoß anhafteten und beim Eintritt in Kleidung oder Haut abgestreift werden. Auch Schußspuren an Gegenständen zeigen dem Kriminalisten, wie die Geschoßbahn verlaufen ist.
Vor allem aber das Geschoß und die Geschoßhülse sprechen eine deutliche Sprache. Dabei ist das Geschoß im Opfer selbst oder auch, bei Durchschuß, in seiner Umgebung zu finden. Die Hülse dagegen dient dazu, vor dem Schuß das Pulver der Treibladung zusammenzuhalten; bei vielen Waffenarten wird sie nach dem Schuß ausgeworfen und kündet daher vom Standort des Schützen.
Zunächst geben Geschoß und Hülse dem Schußspurenexperten Auskunft über den

Ein Probeschuß mit einer als Tatwaffe verdächtigen Pistole auf eine Schweineschwarte gibt Aufschlüsse über Durchmesser und Form des

Einschußlochs sowie die Art und Größe der Schmauchspuren um den Einschuß. Je nach Schußabstand verändern sich diese Werte deutlich.

Typ der verwendeten Waffe. Anhand der umfangreichen Waffensammlungen in den Kriminalämtern mit ihren Tausenden von Vergleichsstücken kann er schnell herausfinden, ob der Schuß etwa aus einer Mauser-Pistole, einem Jagdgewehr oder gar aus einer Maschinenpistole abgegeben wurde.

Zudem tragen Geschoß und Hülse Spuren, die zwar nur unter dem Mikroskop erkennbar sind, aber ein unverwechselbares Kennzeichen jeder einzelnen Schußwaffe sind. Denn der Lauf einer Schußwaffe weist von der Herstellung her etwas unterschiedliche Scharten und Riefen auf, die dem Geschoß beim Durchgang typische Kerben einprägen. Und der Schlagbolzen, der beim Schuß auf die Patrone aufschlägt und sie zündet, hinterläßt am Boden der Hülse unverwechselbare Abdrücke.

Voraussetzung, um damit einen Täter zu überführen, ist allerdings die zugehörige Tatwaffe. Vielleicht wird der Verdächtige bei einer anderen Tat verhaftet, und die bei ihm gefundene Waffe beweist dann auch die frühere Tat. Um das zu klären, feuern die Kriminalexperten einige Probeschüsse mit der Waffe in einen Kunststoffblock oder einen Sack mit Watte und vergleichen die Geschosse mit den früher gefundenen. Dazu dient das „Vergleichsmikroskop“. Es hat zwei Objektive, aber nur ein Okular. Mit dieser Optik kann man die Bilder der beiden Geschosse übereinander führen und so exakt auf Übereinstimmungen prüfen.

Freilich wissen auch Berufsverbrecher um die kriminaltechnischen Möglichkeiten. Manche sammeln, wenn möglich, am Tatort die Geschoßhülsen ein oder verwenden Revolver, bei denen die Hülsen in der Waffe bleiben.

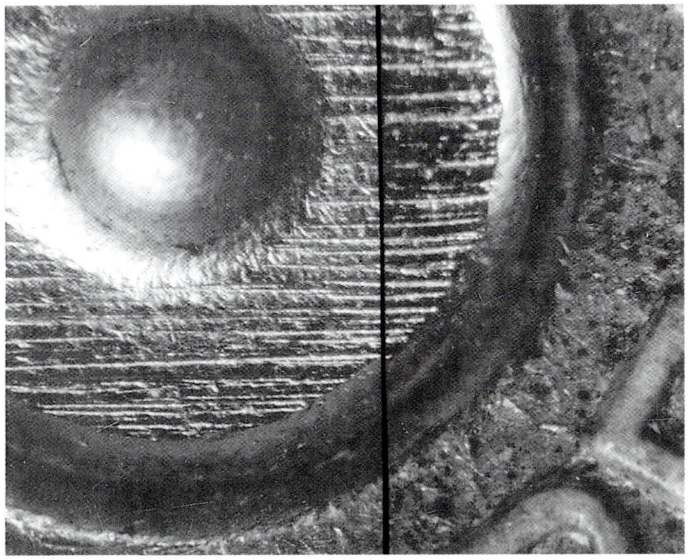

Geschoßuntersuchung unter dem Mikroskop. Jede Patrone, jede Hülse trägt deutliche Spuren, die von Herstellung und Tatwaffe stammen.

Chemische Mittel machen die Schmauchspuren rund ums Einschußloch sichtbar – so läßt sich die Entfernung zum Schützen bestimmen.

Warum sind Fingerabdrücke so wichtig?

Zu den bedeutendsten Errungenschaften der Kriminalistik gehört die Erkenntnis, daß keine zwei Menschen auf der Erde die gleichen Muster der Tastlinien an den Fingerkuppen haben. Das gilt selbst für eineiige Zwillinge. Mehr noch – sogar nach einer Verletzung oder Verbrennung bleibt das Muster erhalten; die neugebildete Haut gleicht der alten hundertprozentig. Und schließlich hinterlassen die Finger auf vielen Oberflächen, selbst auf Papier, einen Abdruck aus Schweiß, Talg und Salzen. Er kann mit

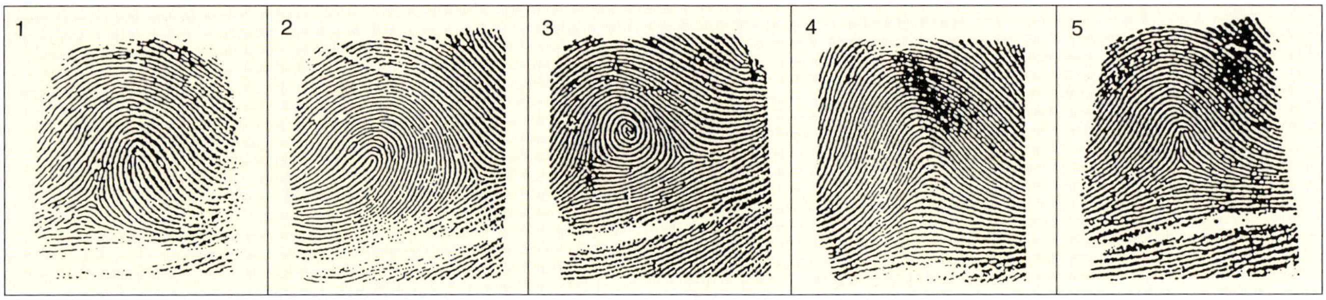

Jeder Fingerabdruck ist anders und ein unverwechselbares Mittel zum Wiedererkennen eines Menschen. Hier sind einige typische Merkmale dargestellt: Schleife rechts (1), Schleife links (2), „W“ (3), „U“ (4) und „T“ (5).

geeigneten Mitteln sichtbar gemacht werden und ist unverwechselbar.

Schon seit über 100 Jahren ist die Fingerabdruck-Methode oder „Daktyloskopie“ (nach dem griechischen Wort daktylos für Finger) in Gebrauch. Sie diente anfangs vor allem dazu, Menschen zu identifizieren, auch dann, wenn sie unter anderen Namen auftraten. Der Erfinder der Daktyloskopie, der in Indien stationierte britische Regierungsbeamte William J. Herschel, hatte die Unverwechselbarkeit der Fingerabdrücke entdeckt und nutzte sie bei seiner Aufgabe, pensionierten indischen Soldaten ihre Renten auszuzahlen. Das waren so viele, daß er sie nicht an den Gesichtern unterscheiden konnte, und er hatte den Verdacht, daß einige jeden Monat mehrfach unter anderem Namen Rente kassierten. Und tatsächlich – als er dann ihre Fingerabdrücke verglich, stimmten einige überein.

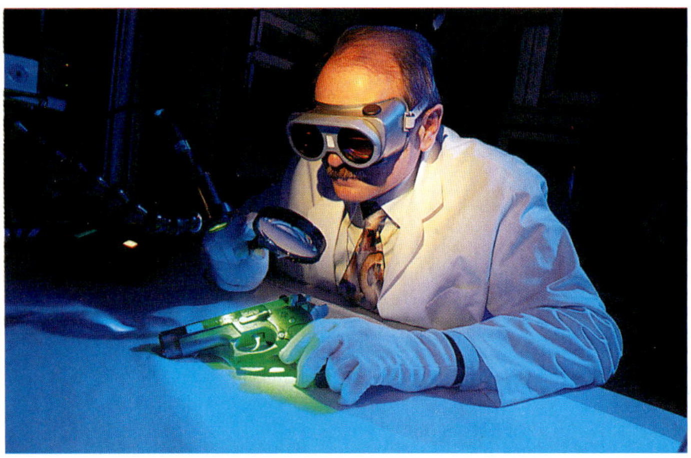

Spurensuche mit Laserstrahlen: Im Licht eines Argon-Ionen-Lasers leuchten Fingerabdrücke auf der Pistole grünlich auf.

Unabhängig von ihm hatte auch der Schotte Henry Faulds die Daktyloskopie entdeckt und auch bald kriminalistisch genutzt – durch einen Fingerabdruck auf seiner Likörflasche konnte er seinen Diener als heimlichen Mit-Trinker entlarven.

Wirklich praktisch nutzbar wurden die Fingerabdrücke allerdings erst, als bald darauf Verfahren entwickelt wurden, die Muster mit ihren Bögen, Schleifen, Wirbeln und Haken in Formeln aus Buchstaben und Ziffern festzuhalten, die schnell verglichen und auch telegraphisch übermittelt werden konnten. Nun konnte man darangehen, von jedem ermittelten Täter die Fingerabdrücke festzuhalten und große Karteien aufzubauen. Findet man am Tatort eines Verbrechens Abdrücke, die we-

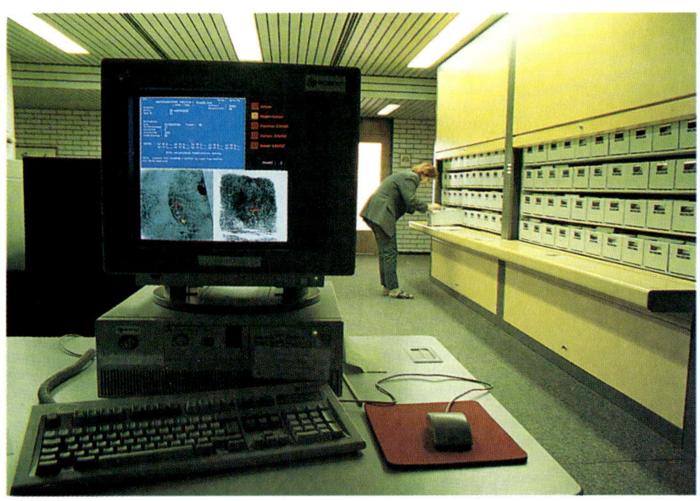

AFIS (Automatisiertes Fingerabdruck-Identifizierungs-System): Die Abdrücke von mehr als drei Millionen Menschen sind hier gespeichert.

der dem Opfer noch unverdächtigen Personen gehören, werden ihre Formeln ermittelt, und der Computer stellt in wenigen Sekunden fest, ob der Abdruck bereits in seinen Karteien gespeichert ist. Damit lassen sich der Name und weitere Informationen über den Täter feststellen, wenn er schon in der Kartei vertreten ist. Vielleicht findet der Computer aber auch, daß schon bei einer anderen Tat diese Fingerabdrücke hinterlassen wurden, so daß das Strafkonto des Täters anwächst. Mit Hilfe der Fingerabdrücke werden nicht nur rückfällige Rechtsbrecher aufgespürt, auch unbekannte Tote oder hilflose Personen lassen sich oftmals damit identifizieren, ebenso Doppelidentitäten bei Sozialhilfe-Empfängern und Asylbewerbern aufdecken.

Der Argon-Ionen-Laser dient zum Aufspüren von Fingerabdrücken – sein Licht bringt die Eiweißmoleküle des Abdrucks zum Leuchten.

Heute werden in der Bundesrepublik Deutschland grundsätzlich von gewohnheitsmäßigen Rechtsbrechern, Landstreichern und Bettlern, soweit sie mit der Polizei zu tun bekommen, sowie unbekannten Toten die Abdrücke aller zehn Finger genommen und in den Computer gespeichert. Mittlerweile umfaßt die AFIS-Sammlung (**A**utomatisiertes **F**ingerabdruck-**I**dentifizierungs-**S**ystem) der Kriminalpolizei Abdrücke von fast drei Millionen Menschen, und täglich kommen einige hundert neue dazu. Da die Täter nur selten Handschuhe tragen, weil sie das Tastgefühl beeinträchtigen, gibt es kaum einen Tatort ohne Fingerspuren. So werden pro Jahr allein in Deutschland einige tausend Täter durch ihre Abdrücke ermittelt.

Wie macht man Fingerspuren sichtbar?

Es ist recht einfach, die Fingerabdrücke von Festgenommenen abzunehmen. Die Fingerkuppen werden gesäubert, mit Farbpaste eingefärbt und auf weißem, glattem Papier abgedrückt. Sehr viel schwieriger ist es, die Abdrücke am Tatort oder auf verdächtigen Gegenständen sichtbar zu machen. Glatte oder poröse Oberflächen stauben die Kriminalisten mit Ruß-, Eisen- oder Graphitpuder ein. Der Staub bleibt am Abdruck haften und wird mit Klebefolie abgenommen. Blutige Fingerspuren werden zuerst fotografiert und dann mit der Chemikalie Benzidin besprüht, das sich mit Blut blaugrün färbt und den Abdruck damit noch deutlicher hervortreten läßt. Fingerabdrücke auf Papier werden mit bräunlicher Farbe sichtbar, wenn man es in einem Glasgefäß Dämpfen des Elements Jod aussetzt. Bei einer anderen Methode wird das Blatt mit einer Lösung der Chemikalie Ninhydrin besprüht, die das Fingermuster blauviolett einfärbt.

Die modernste Entwicklung in der Daktyloskopie ist der Argon-Ionen-Laser. Er wird zur Zeit im Bundeskriminalamt in Wiesbaden getestet. Damit lassen sich mitunter selbst in scheinbar aussichtslosen Fällen Fingerabdrücke feststellen. Etwa dann, wenn der Abdruck schon einige Jahrzehnte alt ist. Der Laserstrahl regt die Eiweißmoleküle im Abdruck an, hellgrünes Licht auszusenden. Ist der Abdruck auch dann noch nicht deutlich genug, kann man mit Hilfe der elektronischen Bildverarbeitung, also ebenfalls mit Computerhilfe, den Kontrast verstärken.

Die jüngste Errungenschaft der Kriminalistik zur Identifizierung eines Täters ist der „genetische Fingerabdruck". Hier reichen schon winzigste Spuren von Blut, Speichel, Haaren, Hautschüppchen oder Sperma, um einen Täter zu überführen. Das Verfahren ist so neu, daß es in Deutschland erst seit 1990 vor Gericht als Beweismittel anerkannt wird.

Was ist ein genetischer Fingerabdruck?

Erfunden hat es der Engländer Alec Jeffries, Professor für Genetik (Lehre von der Vererbung) an der Universität Leicester. Er entdeckte 1985, daß man mit einer bestimmten Methode aus dem menschlichen Erbmaterial ein Strichmuster erzeugen kann, das bei jedem Menschen anders aussieht und damit wie ein Fingerabdruck ein untrügliches Kennzeichen darstellt. Nun ist aber Erbmaterial in jedem Teil des Körpers vorhanden. Selbst eine Hautzelle oder ein Blutkörperchen enthält Erbsubstanz in Form von DNA (eine Abkürzung für den wissenschaftlichen Namen Desoxyribonucleinsäure). Das ist ein sehr langes, fadenförmiges Molekül, das alle Erbinformationen chemisch speichert – also ein Bauplan des gesamten Körpers mit allen Einzelheiten. Zwischen diesen Informationen für bestimmte Eigenschaften (etwa blaue oder braune Augen, Haken- oder Stupsnase usw.) liegen Abschnitte ohne Erbinformation. Die Länge dieser Abschnitte ist bei jedem Menschen verschieden. Genauer: Jeder Längentyp kommt zwar bei einigen Prozent der Bevölkerung vor, doch die Wahrscheinlichkeit, daß bei zwei Menschen alle Längentypen in gleicher Weise vertreten sind, beträgt mindestens eins zu fünf Milliarden.
Im Labor werden aus der Probe die DNA-Moleküle herausgelöst und zunächst millionenfach vervielfältigt. Dann schneiden „chemische Scheren", sogenannte Restriktions-Enzyme, diese Fäden in kleine

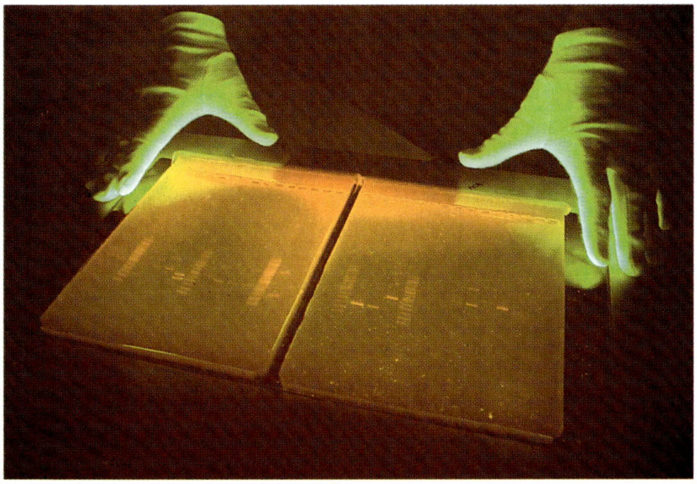

Probenvergleich unter ultraviolettem Licht. Der „genetische Fingerabdruck" kann den Täter selbst durch einen Speichelrest überführen.

Stücke und legen damit die Abschnitte ohne Erbinformationen frei. Nun werden sie der Länge nach sortiert. Dazu trägt man die Probe auf eine Glasplatte auf, die mit einer geleeartigen Substanz dünn beschichtet ist, und legt zwischen die Enden der Platte eine elektrische Spannung. Unter Einwirkung der Elektrizität beginnen die DNA-Bruchstücke zu wandern, wobei die kurzen Stücke schneller sind als die längeren. „Gel-Elektrophorese" heißt dieses Verfahren. Mit Hilfe spezieller Substanzen macht man die Bruchstücke schließlich sichtbar und fotografiert das Muster ab. Nun kann man z. B. vergleichen, ob DNA aus einem Bluttröpfchen an einer am Tatort gefundenen Pistole mit der DNA des Verdächtigen übereinstimmt. Selbst der Speichel an der Briefmarke eines Erpresserbriefs oder Spermaspuren an einer Frauenleiche reichen oft aus, um den Täter zu überführen.

Eine Art von Fingerabdruck ist auch die Stimme eines Täters. Mitunter liegt der Kriminalpolizei nichts anderes vor als ein Tonband eines Erpresser- oder Entführeranrufs. Rund 200 Fälle pro Jahr

Welche Informationen liefert die Stimme eines Täters?

müssen die nicht nur mit feinem Gehör, sondern auch mit einem großen Gerätepark ausgestatteten Experten des Sprachanalyse-Fachbereichs im Bundeskriminalamt jährlich bearbeiten. Zunächst werden Störgeräusche wie Rauschen ausgefiltert. Dann analysieren die Experten die Hintergrundgeräusche. Sprach der Täter aus einer Telefonzelle, aus einer ruhigen Wohnung, oder deutet entferntes Schreibmaschinengeklapper auf ein Büro hin? Sind vielleicht Kirchenglocken oder Geräusche von Zügen zu erkennen? Gewisse technische Impulse in der Leitung lassen sogar die Unterscheidung zwischen Orts- und Ferngespräch zu.

Sprachanalyse per Computer: Die Schwingungen etwa eines Erpresseranrufs werden zu Vergleichszwecken auf dem Bildschirm sichtbar gemacht.

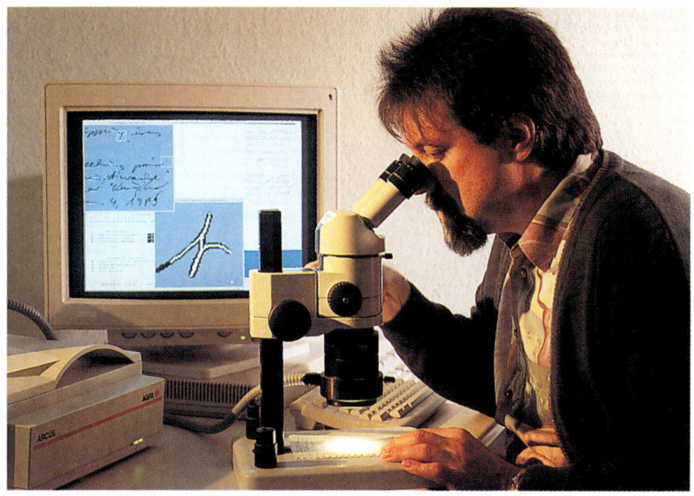

Schriftvergleich unter dem Mikroskop: Stimmt die Handschrift des Drohbriefs mit der des vermuteten Schreibers überein?

Im nächsten Schritt werten Sprachexperten die Sprache des Täters auf Besonderheiten aus. Sprach er schnell oder langsam, hoch oder tief, einen bestimmten Dialekt oder ist vielleicht Deutsch nicht seine Muttersprache? Hat er Sprachfehler, lispelt er zum Beispiel, oder ist er gerade erkältet? Die Experten hören sogar heraus, ob jemand etwa aus Westfalen kommt, aber schon einige Jahre in Franken gelebt hat. Und aus der Sprechweise können sie auf den Alkoholpegel des Anrufers schließen.

Der Inhalt des gesprochenen Textes wiederum deutet auf die soziale Schicht des Anrufers. Gebraucht er zum Beispiel reine Gossensprache, sagt er ständig „nicht wahr“, oder drückt er sich gewählt aus und benutzt gelegentlich Fremdworte? Vielleicht solche, die auf einen bestimmten Beruf hindeuten?

Die Experten können die Sprache sogar sichtbar machen, etwa um sie mit einer bekannten Stimme zu vergleichen. Dabei werden die einzelnen Sprachfrequenzen und die jeweiligen Werte der Lautstärke mit Hilfe eines Computers getrennt und als Kurve auf dem Bildschirm dargestellt. Ähnlichkeiten fallen dann sofort ins Auge. Aus dem „Tatwerkzeug“ eines Entführers oder Erpressers läßt sich also eine Fülle von Informationen ziehen. Doch letztlich sind es nicht der Computer oder ein Meßinstrument, die einen Täter überführen. Die Geräte liefern nur Meßwerte – die Ergebnisse deuten und bewerten muß stets der Mensch, der zuständige Fachmann, und er muß gegebenenfalls sein Gutachten auch vor Gericht vertreten. Denn nur er kann alle Faktoren, Meßwerte und Einzelbefunde zu einem Gesamtbild vereinigen, mit dessen Hilfe die Richter den wahrscheinlichen Hergang der Tat und das Geschehen danach rekonstruieren können.

Was Tote erzählen können

„Mord, hat er schon keine Zunge, spricht mit wundervollen Stimmen", sagt Prinz Hamlet in Shakespeares tragischem Schauspiel. In der Tat kann man heute durch Untersuchung der Tatumstände und des Toten selbst eine Menge Einzelheiten über die Tat und ihre Vorgeschichte herausfinden.

Wie stellt man die Todesursache fest?

Schon der Kriminalbeamte vor Ort wird versuchen, sich ein Bild zu machen. Aber endgültige Klarheit schafft erst die Leichenöffnung (Obduktion). Sie wird, wenn der Verdacht einer Tötung vorliegt, von einem Richter angeordnet und im Beisein eines Staatsanwalts von zwei Ärzten ausgeführt. Von ihnen muß zumindest einer Rechtsmediziner sein, sich also mit der Untersuchung von Leichen besonders gut auskennen. Auch eine Exhumierung, also das Ausgraben eines schon Beerdigten, kann nur ein Richter anordnen. Zunächst inspizieren sie den Toten sorgsam von außen: Sind Wunden, Würgemale oder Blutergüsse festzustellen? Vielleicht Einstiche von Spritzen, die auf Medikamenten- oder Drogengebrauch deuten? Verbergen sich an behaarten Körperstellen Einschüsse oder Stichwunden?
Weiterhin gehört zu einer ordnungsgemäßen Obduktion die Öffnung der drei Körperhöhlen des Menschen, nämlich Kopf, Brust- und Bauchhöhle. Die einzelnen Organe und die Körperöffnungen werden untersucht, ob sie Hinweise auf Krankheiten, Vergiftungen oder gewaltsame Veränderungen zeigen. Dabei werden stets für spätere Nachuntersuchungen Proben aufbewahrt, ebenso von Blut, Speichel, Magen- und Darminhalt. Alle Befunde werden sorgfältig festgehalten, und am Ende steht in der Regel die Ursache des Todes fest.

Im gerichtsmedizinischen Labor: Erst die Leichenöffnung bringt oft Klarheit über die Ursache des Todes. Wurde der Tote erstochen, erwürgt oder vergiftet? War es Selbstmord? Und wann genau trat der Tod ein? Das ist wichtig bei der Feststellung, ob ein Verdächtiger zu jenem Zeitpunkt am Tatort sein konnte.

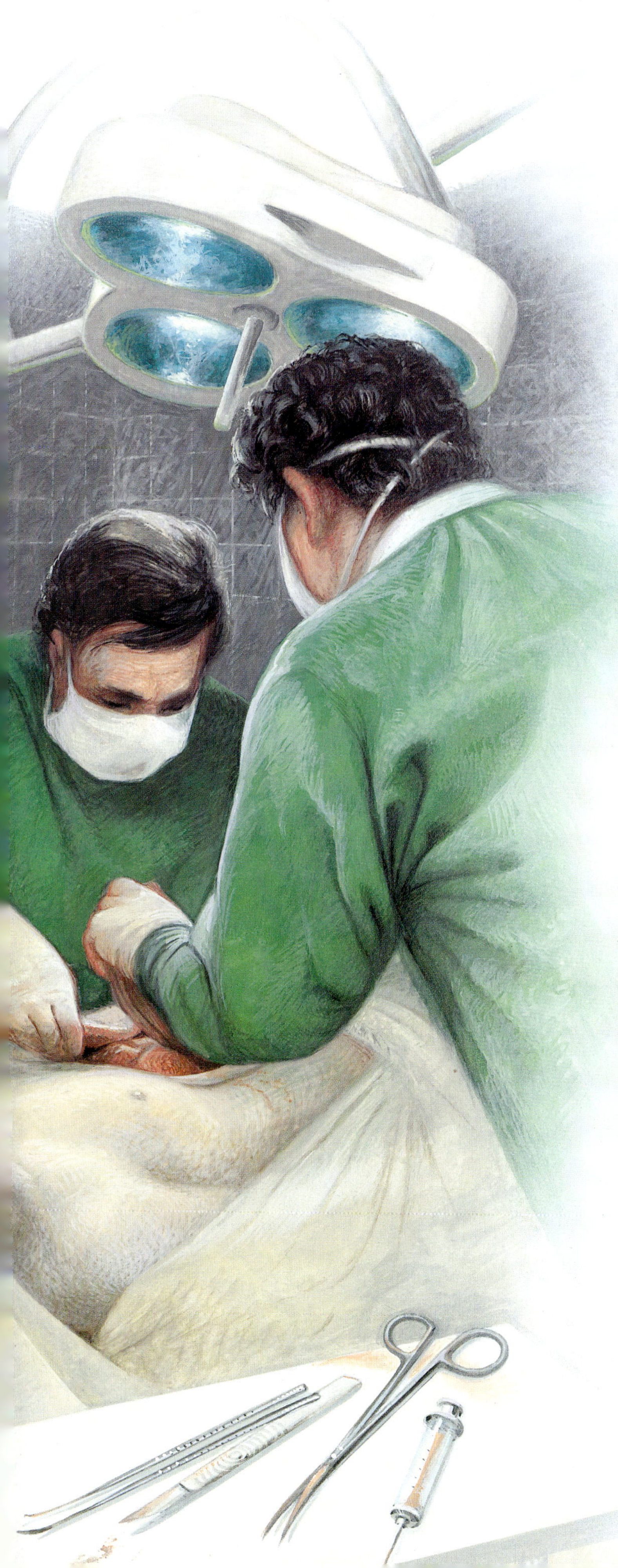

Nun ist natürlich nicht jeder zunächst ungeklärte Tod ein Mordfall. Es könnte sich auch um fahrlässige Tötung handeln, um Selbstmord oder um einen Unfall. Nicht selten sterben Menschen an Herzversagen oder Schlaganfall, also auf natürliche Art.

Wodurch lassen sich Mord und Selbstmord unterscheiden?

Bei solchen Untersuchungen gibt es eine Fülle von Irrtumsmöglichkeiten. So beweisen Spuren eines Kampfes nicht unbedingt einen Mord: Der Tote könnte auch durch die Aufregung einen Herzschlag erlitten haben. Ein Selbstmord kann vorgetäuscht sein, einschließlich gefälschtem Abschiedsbrief. Ein Mord kann als Unfall getarnt sein, mitunter aber auch ein Unfall wie ein Mord aussehen.

Immerhin kennen die Gerichtsmediziner für viele Todesarten relativ sichere Hinweise, die eine Unterscheidung zwischen Mord und Selbstmord ermöglichen.

So sind Stichverletzungen bei Selbstmord oft in Herznähe, während ein Mörder, zumal im Kampf, meistens nicht gezielt zustechen kann. Bei Schnittverletzungen kommt es sehr auf die Blutabrinnspuren an. Selbstmörder schneiden sich meist im Sitzen oder Stehen die Halsschlagader durch, wobei oft „Probierschnitte" am Hals zu sehen sind, weil es beim erstenmal nicht gleich geklappt hat. Dagegen schlägt ein Mörder sein Opfer in der Regel zuerst nieder und schneidet dann dem Liegenden die Adern auf.

Wer sich selbst erhängte, hat meist Spuren vom Material des Stricks an den Fingern und unter den Fingernägeln. In solchen Fällen kommt es auch sehr auf die genaue Untersuchung der Schlinge an: Konnte sich der Tote auf diese Art selbst strangulieren? Denn nicht selten versuchen Mörder, ihr schon totes Opfer aufzuhängen, vielleicht sogar einen Abschiedsbrief zu fälschen, um den Mord zu vertuschen.

Verbrannte Leichen sind sehr genau zu überprüfen, so schwierig und unangenehm das auch ist. Rußteilchen in der Lunge deuten zum Beispiel darauf hin, daß der Mensch bei Ausbruch des Brandes noch geatmet hat; fehlen sie, war er vielleicht schon vorher tot, und das Feuer sollte nur Spuren vernichten.
Recht eindeutige Indizien hinterläßt der Selbstmord durch Erschießen. Auf der Tathand eines Selbstmörders müssen Pulverrückstände und meist auch Blutflecken zu sehen sein, die beim Auftreffen der Kugel aus dem Körper herausspritzten. An der Größe des „Schmauchrings", den ringförmigen Pulverrückständen auf Haut oder Kleidung, läßt sich sehr exakt die Schußentfernung ablesen; ist sie größer als etwa ein halber Meter, liegt Mord nahe. Oft kommt es bei Selbstmord zu Handverletzungen durch den zurücklaufenden Schlitten bei Pistolen, wenn ein Selbstmörder sich selbst die Waffe aufs Herz oder auf die Stirn drückt. Blut-, Textil- oder Gewebespuren an der Waffe weisen ebenfalls darauf hin, daß sie beim Schießen aufgesetzt wurde – möglicherweise also von einem Selbstmörder. Auch prüft der Gerichtsmediziner genau, ob der Tote eine etwaige Schußwaffe wirklich fest in der Hand hielt oder ob sie ihm vielleicht nachträglich hineingelegt wurde. Dagegen ist es kein Gegenbeweis für Selbstmord, wenn keine Waffe zu finden ist – manche Selbstmörder versuchen ihre Tat aus Rücksicht auf die Familie zu vertuschen. Selbst nach Herzschüssen leben sie mitunter noch lange genug, um die Waffe zu verstecken.
Letztlich kommt es immer auch auf die Ermittlungen des Kriminalisten an: Hatte der Tote wirtschaftliche oder Eheprobleme, eine unheilbare Krankheit oder Furcht vor Schande oder Strafe? Oder gibt es Menschen in seiner Umgebung, denen sein Tod gelegen kommt, etwa weil eine Lebensversicherung bei seinem Tod eine hohe Summe auszahlt?

Woran kann man den Zeitpunkt des Todes erkennen?

Mit zu den wichtigsten Aufgaben des Gerichtsmediziners gehört es, möglichst genau den Zeitpunkt des Todes festzustellen. Diese Genauigkeit ist bei Straftaten oft entscheidend, damit man dann ermitteln kann, ob ein Verdächtiger zu jenem Zeitpunkt am Tatort gewesen sein kann.
Es gibt eine Reihe von Hinweisen, die selbst bei schon einige Tage alten Leichen den Zeitpunkt des Todes recht exakt festlegen. So sinkt die Körpertemperatur in den ersten vier Stunden um etwa ein Grad Celsius pro Stunde, danach langsamer; allerdings ist die Abkühlungsgeschwindigkeit von der Umgebungstemperatur, vom Gewicht des Toten und von der Bekleidung abhängig.
Schon eine halbe bis dreiviertel Stunde nach dem Tod treten die ersten Totenflecken auf. Es sind bräunlichrote Flecken an einigen tiefergelegenen Stellen der Leiche. Sie entstehen dadurch, daß im ruhenden Blut die roten Blutkörperchen, der Schwerkraft folgend, nach unten sinken, während das farblose Blutwasser nach oben verdrängt wird und dem Körper des Toten eine wächserne Farbe gibt. Ein bis zwei Stunden nach dem Tod erscheinen sie auch an den übrigen tiefer gelegenen Körperstellen und fließen großflächig zusammen. An Aufliegestellen, Haut- und Kleiderfalten und sonstigen Druckstellen entstehen keine Totenflecken, denn der Druck verhindert den Eintritt von Blutfarbstoff ins Körpergewebe. Spätestens nach 12 Stunden verlagern sich die Totenflecken nicht mehr. Wird die Leiche danach noch bewegt, läßt sich an der Position der Totenflecken die ursprüngliche Lage rekonstruieren.
Ein bis zwei Stunden nach dem Eintritt des Todes beginnt auch die Totenstarre, meist zuerst im Kopfbereich, um sich im Laufe der folgenden sechs Stunden auf

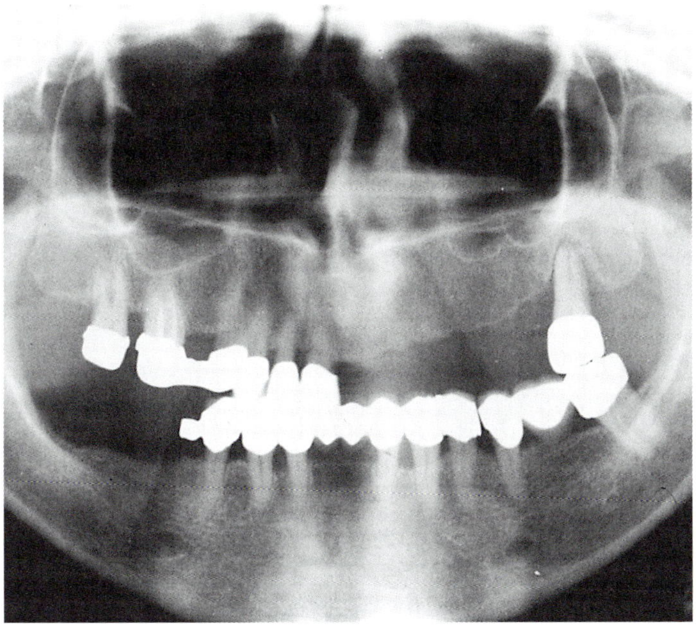

Röntgenbild eines Schädels. Stammt der Schädel von einem unbekannten Toten, so kann man ihn an seinem Gebiß vielleicht identifizieren.

den ganzen Körper auszubreiten. Sie rührt davon her, daß sich durch bestimmte biochemische Vorgänge die Muskeln vorübergehend versteifen. Wird die Totenstarre gewaltsam gelöst, kehrt sie nicht zurück. Das ist für den Kriminalisten ein Alarmzeichen: Die Leiche wurde noch einmal bewegt, vielleicht vom eigentlichen Tatort weggetragen. In den meisten Fällen bleibt diese Erstarrung zwei Tage lang bestehen, dann löst sie sich im Laufe einiger Tage von selbst wieder.

Die weiteren Abbauvorgänge an der Leiche, etwa an den inneren Organen, hängen sehr stark von der Umgebung ab und lassen nur bei großer Erfahrung eine ungefähre Todesdatierung zu. Nicht selten helfen dabei Kenntnisse der Insektenkunde. Denn eine im Freien liegende Leiche wird von ganz bestimmten Insektenarten aufgesucht, die je nach Abbauzustand darin Lebensbedingungen finden. Ein Insektenforscher, der den Lebenszyklus der verschiedenen Arten kennt, kann anhand der in der Leiche gefundenen Tiere den Zeitpunkt des Todes mit ziemlicher Genauigkeit festlegen.

Was verrät das Gebiß?

Mitunter finden Spaziergänger Leichen, die schon Monate oder Jahre im Wald verscharrt gelegen hatten. Sie sind meist so sehr verwest oder von Tieren angefressen, daß man weder ihr Aussehen noch ihre Fingerabdrücke feststellen kann. Aber dennoch läßt sich oft noch herausfinden, wer der Tote war. Denn es gibt ein sehr beständiges und gleichzeitig typisches Kennzeichen: das Gebiß.

Jeder Zahnarzt notiert routinemäßig bei seinen Patienten den Zustand ihrer Zähne und bewahrt diese Unterlagen jahrelang auf: Wo fehlen Zähne? Wo sind Gold- oder Amalgamfüllungen gesetzt? Welche Zähne sind überkront oder durch Brücken verbunden? Damit existiert eine inoffizielle Personenkartei, die nahezu alle Bürger enthält.

Die Zahnärzte benutzen für die Beschreibung des Gebißzustandes ein genormtes Schema, das jeden der (im seltenen Idealzustand) 32 Zähne enthält und dazu Abkürzungen über seinen Zustand. Wird ein unbekannter Toter aufgefunden, so veröffentlicht die Kriminalpolizei sein Zahnschema als „Steckbrief" in zahnärztlichen Fachzeitschriften, und oft meldet sich dann der Zahnarzt, der diesen Patienten zuvor behandelte.

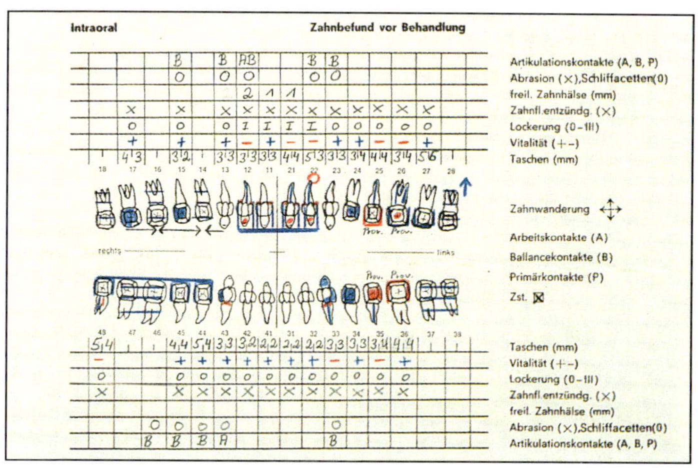

Schema einer Gebißuntersuchung, wie es fast jeder Zahnarzt anfertigt und in seine Kartei aufnimmt.

Morde mit Hilfe von Gift sind seit Jahrtausenden relativ häufig. Denn nur in wenigen Fällen sieht man einem Vergifteten an, daß ein Gift die Ursache seines Leidens ist. Viel häufiger ähnelt eine Vergiftung üblichen Krankheiten. Selbst eine Leichenöffnung verschafft nur unter bestimmten Umständen Aufschluß.

Warum sind Giftmorde so beliebt?

Zudem läßt sich Gift unauffällig mit Speisen und Getränken beibringen. Herrscher und reiche Leute beschäftigten daher früher „Vorkoster", die alle Speisen zuvor probieren mußten. Die Wirkung dieser Maßnahme beruhte nicht so sehr auf dem Warten, ob der Vorkoster überleben würde, denn viele Gifte zeigen ihre Wirkung erst nach Stunden oder Tagen. Aber in dem Vorkoster hatte man einen schon aus eigennützigen Gründen sehr aufmerksamen Mitarbeiter, der in der Küche seine Augen offenhielt. Zudem standen auf Giftmord, zum Teil sogar schon auf den Besitz von Gift, harte Strafen.

Fast jeder chemische Stoff ist in entsprechenden Mengen für den Menschen giftig. Für einen Giftmord eignet er sich aber nur dann, wenn er schon in kleinsten Mengen tödlich, möglichst geschmack- und geruchlos ist und der Täter ihn beschaffen kann – oder häufiger: die Täterin; Giftmorde sind von alters her die Spezialität von Frauen.

Jahrhundertelang geradezu ein „Modegift" war Arsenik, auch „Erbschaftspulver" genannt, eine chemische Verbindung des Elements Arsen. Schon ein Zehntel Gramm des weißen Pulvers ist bei einem Erwachsenen tödlich, und als Mäusegift war es lange Zeit leicht erhältlich. 1836 entwickelte der englische Chemiker James Marsh ein Gerät, das schon ein millionstel Gramm Arsen nachweisen kann. Damit war auch an kleinen Proben aus dem Körper des Toten der Beweis eines Giftmords möglich, selbst noch nach Jahren an einer exhumierten (aus dem Grab gehobenen) Leiche. Gerade weil Giftmorde so unauffällig sind, ist das besonders wichtig: Fast immer kamen die Täter nur deshalb vor Gericht, weil nach mehreren Todesfällen in einer Familie oder einem Dorf Verwandte oder Nachbarn mißtrauisch wurden. Oft konnten ihnen dann frühere Morde durch Untersuchung der mitunter Jahrzehnte alten Leichen noch nachgewiesen werden.

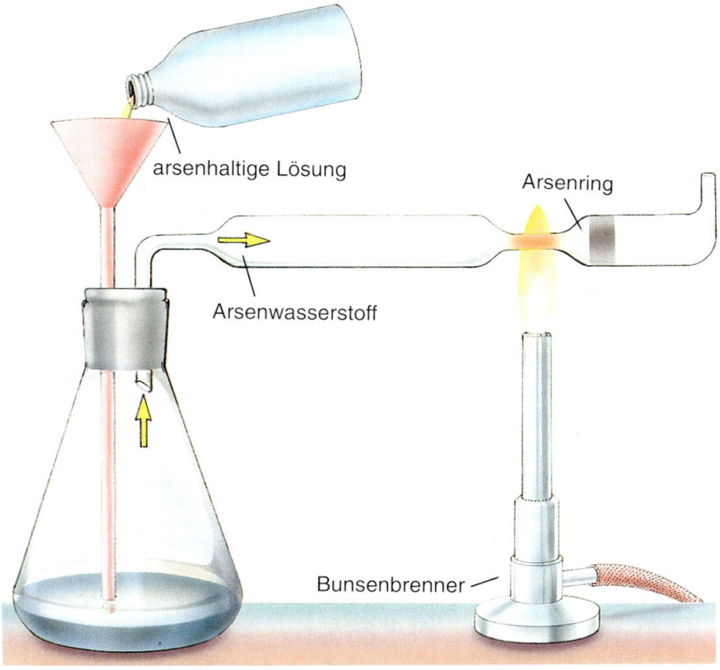

Der Marshsche Nachweis von Arsen: Enthält die Probe auch nur winzige Mengen des Giftes, so bildet sich ein schwarzglänzender „Arsenring".

Dank dieser guten Nachweismöglichkeit wurden Arsen-Giftmorde selten. Gegen Ende des vorigen Jahrhunderts griffen die Giftmörder zu Pflanzengiften, etwa Strychnin aus der Brechnuß, Aconitin aus dem Eisenhut, Hyoscyamin aus dem Bilsenkraut, Digitalis aus dem Roten Fingerhut oder Coniin aus dem Schierling. Oder sie mischten ihrem Opfer giftige Pilze ins Essen, etwa den Grünen Knollenblätterpilz, der leicht mit dem Champignon zu verwechseln ist. All diese Gifte waren mit einigen botanischen Kenntnissen leicht zu beschaffen, zu jener Zeit in der Leiche aber kaum nachweisbar.

Die rasche Entwicklung der Chemie bietet heutigen Giftmördern eine Fülle der verschiedensten Stoffe, und ständig kommen neue hinzu. Besonders bevorzugt sind Schädlingsbekämpfungsmittel und Schlafmittel, etwa Barbiturate, denn diese Stoffe sind leicht erhältlich, und ihr Besitz fällt nicht besonders auf. Gelegentlich nutzen Selbstmörder Kaliumcyanid; dieses weiße, wasserlösliche Salz wird bei Galvanisierarbeiten verwendet und setzt im Magen gasförmige, nach bitteren Mandeln riechende Blausäure frei, die in Minutenschnelle zum Tode führt.

Welche Gifte werden heute am häufigsten verwendet?

Längst nicht alle Vergifteten, bei denen die Gerichtsmediziner heute eine Obduktion vornehmen, sind von dritter Hand ermordet worden. Meist handelt es sich um Unfälle oder Selbstmorde. An der Spitze der Todesursachen stehen Schlafmittel, dann folgt Alkohol, der in großer Menge tödlich ist. Immer wieder kommt es auch vor, daß sich Drogenabhängige eine zu hohe, tödliche Dosis spritzen.

Ebenfalls nicht selten sind Vergiftungen mit Kohlenmonoxid. Dieses farb- und geruchlose Gas entsteht bei der unvollständigen Verbrennung von Kohlenstoff; es bildet sich in schlecht belüfteten Öfen und ist auch in Auspuffgasen enthalten. Deshalb soll man in der Garage den Motor abstellen. Kohlenmonoxid ist ein Blutgift, es bindet sich so fest an die roten Blutkörperchen, daß diese keinen Sauerstoff mehr transportieren können. Schon bei geringem Kohlenmonoxid-Gehalt der Luft wird man nach kurzer Zeit bewußtlos.

Der Fülle von Giften steht freilich mittlerweile eine ausgefeilte Analysentechnik gegenüber, mit der man selbst winzige Spuren von Gift nachweisen kann. Dennoch werden auch heute noch viele Giftmorde niemals als solche erkannt und geahndet.

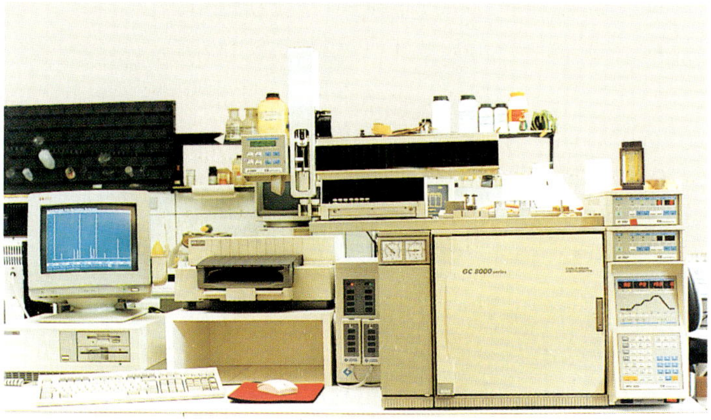

Heute lassen sich im Kriminallabor selbst seltene Gifte entdecken und bestimmen.

Im Grunde ist Mord, rein technisch betrachtet, nicht schwierig – der Mensch ist ein recht verwundbares Geschöpf. Die eigentlichen Probleme beginnen erst danach – nämlich die Beseitigung der Spuren, insbesondere der Leiche und der verräterischen Blutflecken. An dieser Aufgabe sind schon viele Mörder gescheitert, wenn auch mitunter erst viel später.

Gibt es den perfekten Mord?

Knochen und Zähne lassen sich nicht so leicht vernichten. Verbrennen des wasserreichen Fleisches ist ebenfalls kaum möglich, außerdem würde der Geruch sicher die Nachbarschaft alarmieren. Selbst Säuren oder gebrannter Kalk, wie es viele versucht haben, zerstören den Körper nicht vollständig. Wird die Leiche transportiert, etwa mit dem Auto zum Vergraben in einen Wald gefahren, hinterläßt das in der Regel so viele nahezu unzerstörbare Spuren und Blutflecken im Fahrzeug, daß die Überführung des Täters oft schon dadurch möglich ist – zumindest, wenn ein Verdacht auf ihn fällt.

Dennoch sind die Experten sicher, daß eine große Zahl scheinbar „natürlicher" Todesfälle gut vertuschte Morde sind. Würde auf dem Grab jedes heimlich Ermordeten eine Kerze brennen, so drückte es ein Kriminalist drastisch aus, dann wären unsere Friedhöfe hell erleuchtet.

Die Jagd nach dem Täter

Was für Arten von Fahndung gibt es?

Großalarm bei der Polizei: Zwei maskierte Männer haben eine dörfliche Sparkassenfiliale überfallen, den Kassierer niedergeschossen und sind mit ihrer Beute im Auto davongefahren. Einige Passanten haben gesehen, daß es ein dunkelgrüner BMW war. Sofort nach Bekanntwerden geht die Meldung an alle Funkstreifenwagen. Rund um den Tatort werden Kontrollstellen besetzt und alle durchfahrenden Wagen überprüft. Weil seit der Tat schon einige Minuten vergangen sind, befiehlt der Einsatzleiter, den Ring der Kontrollen im Abstand von etwa 20 Kilometern zu errichten. Der Erfolg gibt ihm recht – nach kurzer Zeit läuft die Meldung ein, daß die Täter gestoppt und nach einem Schußwechsel überwältigt worden sind. Eine solche „Ringalarmfahndung" ist nur eine von mehreren Fahndungsarten. Bei besonders schweren Fällen kann sie zu einer Landes- oder sogar Bundesalarmfahndung ausgeweitet werden, bei der Kontrollen im ganzen Land durchgeführt werden.

Für die jeweils zehn meistgesuchten Täter trägt jeder Polizeibeamte die Karten einer Vorrangfahndung bei sich, auf denen die Personen und ihre Erkennungsmerkmale dargestellt sind. Die Auswahl trifft das Bundeskriminalamt.

Bei der Öffentlichkeitsfahndung wendet sich die Polizei über Lautsprecher, Presse, mit den bekannten Steckbrief-Plakaten („Gesucht werden") oder übers Fernsehen an alle Bürger und bittet um Mithilfe. Meist werden Fotos der Gesuchten nach wichtigen Nachrichtensendungen wie etwa der Tagesschau ausgestrahlt. In der Regel sind es besonders gefährliche Kriminelle, die möglichst rasch ergriffen werden müssen.

Langfristiger arbeitet die Sendung „Aktenzeichen XY-ungelöst", die in Zusammenarbeit von ZDF, dem Österreichischen und dem Schweizer Fernsehen produziert wird. Sie strahlt nachgestellte Filme über wirklich geschehene Verbrechen aus und bittet dann die Zuschauer um Hinweise zu den Gesuchten.

Ist der Name des Verdächtigen bekannt, geht das Fahndungsersuchen an INPOL. Dieses Computer-Informationssystem der Polizei liefert jedem Polizeibeamten, jeder Grenzkontrollstelle, jedem Paßkontrolleur am Flughafen innerhalb weniger Sekunden alle wichtigen Daten zu einer gesuchten Person. Auch nach Autos, Motorrädern, Waffen und als gestohlen gemeldeten Ausweispapieren wird über

Ende einer dramatischen Jagd: Polizeifunk, Hubschrauber und Fahndungscomputer helfen der Polizei heute, flüchtige Straftäter rasch zu finden und zu stellen.

BM-KX 353

Steckbriefe sind ein altes Mittel der Fahndung. Wer diese Terroristen findet, hat Anspruch auf die ausgesetzte Belohnung.

INPOL gefahndet. Neben der deutschen Polizei haben Zoll, Grenzschutz und die Polizei des benachbarten Auslands Zugriff auf die Daten. Das System hat sich als äußerst erfolgreich erwiesen: Bei Straßenkontrollen etwa zeigt sich im Durchschnitt bei jedem dreißigsten Wagen ein Suchvermerk.

Schwieriger ist die Fahndung, wenn nur einer oder mehrere Zeugen den Täter gesehen haben und weder Namen bekannt sind noch Fotos vorliegen. In solchen Fällen wird zusammen mit den Zeugen ein Phantombild des Täters erstellt.

Was ist ein Phantombild?

Besonders ausgebildete Graphiker lösen diese Aufgabe, die keineswegs einfach ist. Denn selten merken sich Zeugen ein Gesicht so genau, daß sie dem Zeichner exakte Angaben etwa über die Art und Lage der Augenbrauen, die Form und Länge der Nase und des Mundes, den Schnitt der Haare und das Aussehen des Bartes machen können. Zum Teil fehlen auch die Worte für eine genaue Beschreibung dessen, was der Zeuge vor seinem inneren Auge sieht. Und dann haben die Phantombildzeichner es meist mit Menschen zu tun, die gerade ein Verbrechen miterlebten, vielleicht selbst in Lebensgefahr waren, und entsprechend seelisch aufgewühlt sind.
Früher skizzierten Zeichner auf ihrem Block das Gesicht; wegen der ständigen Ergänzungen und Korrekturen während der Befragung des Zeugen war dies ein mühsames Geschäft. Außerdem bestand ständig die Gefahr, daß der Künstler im Zeichner durchbricht und das Bild dann von den Zeugenaussagen abweicht.

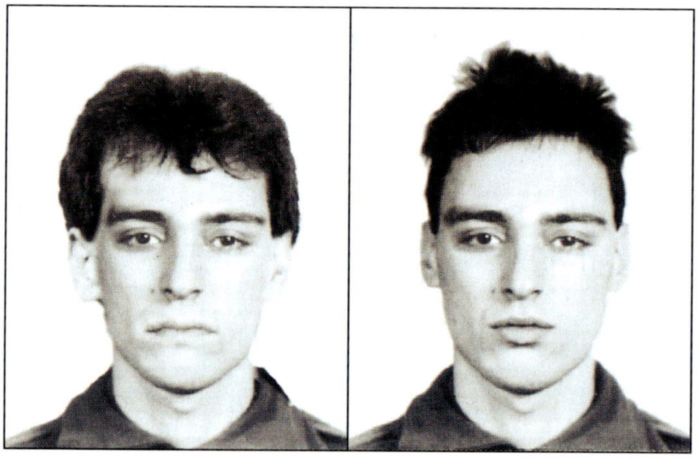

„Phantombilder", etwa für eine Fernsehfahndung. In diesem Falle wurden mit Computerhilfe Augen, Haare, Mund und Ohren verändert.

Heute helfen Computer beim Zeichnen der Phantombilder. Sie haben eine Fülle von Merkmalen in verschiedener Ausprägung in ihren Speichern, die der Graphiker mit Tastatur und Computer-Maus blitzschnell auf den Bildschirm zaubern und nach Wunsch verändern kann: Nase etwas länger, unten etwas breiter? Bart etwas spitzer? Kein Problem. So nähert sich die Bildschirm-Zeichnung immer mehr der Erinnerung des Zeugen an.
Moderne Computerprogramme, die zur Zeit aber noch in der Erprobung sind, beherrschen darüber hinaus noch eine wei-

tere Fähigkeit: Sie können das Gesicht auf dem Schirm altern lassen. Das kann wichtig sein, wenn von einem gesuchten Täter nur ein Foto aus seinen Jugendjahren zur Verfügung steht oder wenn man etwa ein altes Fahndungsfoto eines lange gesuchten, aber immer noch nicht aufgespürten Terroristen aktualisieren will.

Was ist ein Verbrecheralbum?

Ein einmal Festgenommener wird von der Polizei schnell wiedererkannt, denn er wird zunächst „erkennungsdienstlich behandelt“. Das bedeutet: Man nimmt die Abdrücke aller zehn Finger, je ein Foto von vorn, von der Seite und halbschräg von vorn. Dazu kommen Messungen der Körpergröße, Angaben über Augenfarbe und weitere Kennzeichen, etwa Narben oder Tätowierungen. Alles wird zusammen mit Adresse, Geburtsdatum, Namen der Eltern usw. gespeichert.
Solche Sammlungen von Fotos erkannter Verbrecher, geordnet nach Art der Straftaten und ungefährem Alter des Täters, nannte man früher Verbrecheralbum. Das erste entstand ab 1876 im Berliner Polizeipräsidium am Alexanderplatz. Solche „Fotoalben“ werden auch heute noch Betroffenen und Zeugen vorgelegt, die einen Täter gesehen haben.
Voraussetzung freilich ist, daß der Täter seine Straftaten stets in der gleichen Region verübt. Gegen die heute immer häufigeren reisenden oder sogar international arbeitenden Verbrecher nutzt das Verbrecheralbum wenig. Denn niemand kann die vielen tausend Fotos all der bundesweit jemals aufgefallenen Täter durchblättern und mit seinem Gedächtnis vergleichen. Daher werden heute solche Sammlungen in Großcomputern gespeichert. Sie können nach bestimmten Kriterien durchsucht werden. Über Datenleitungen und Datenfunk sind die Informationen blitzschnell an jedem Ort, selbst auf dem tragbaren Computer im Streifenwagen, verfügbar.
Besonders zahlreiche und umfangreiche Sammlungen „personenbezogener Daten“ führt das Bundeskriminalamt. Hier werden nicht nur Fingerabdrücke, Fotos und Personenbeschreibungen katalogisiert, sondern auch Röntgenaufnahmen, Gebiß- und Fußabdrücke, Ergebnisse von Blut-, Speichel- und Haaruntersuchungen sowie die Unterlagen zu diversen Arten von Straftaten. Dazu kommt eine große Waffensammlung, Erpresserschreiben und Falschgeldmuster. Ähnliche, aber kleinere und auf ihren Bereich bezogene Karteien gibt es auch bei den einzelnen Landeskriminalämtern. Die Daten stehen allen Polizeidienststellen zur Verfügung, anderen Behörden allerdings nur in besonderen Fällen, und an Privatpersonen oder Firmen, selbst an Betroffene, dürfen sie aus Datenschutzgründen gar nicht weitergegeben werden.

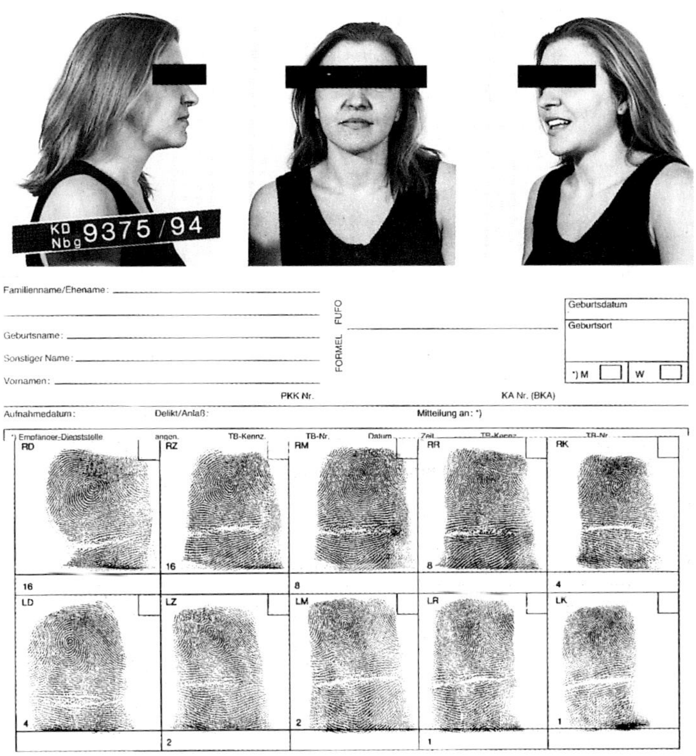

In dieser Form werden Fotos und Daten eines möglichen Täters gespeichert (aus Datenschutzgründen ist unser Beispiel gestellt).

Im Bundeszentralregister schließlich sind alle Personen gespeichert, die von deutschen Gerichten verurteilt wurden. Auskünfte über seine Daten bekommt nur der Betroffene in Form eines polizeilichen Führungszeugnisses.

Was versteht man unter Wirtschaftskriminalität?

Längst nicht alle Verbrecher arbeiten mit roher Gewalt. Es gibt in zunehmendem Maße auch Täter, deren Tatort Banken, Börsen und Büros sind, die aber statt Schweißbrenner und Brecheisen Telefon und Computer, ihre Intelligenz und Sachkenntnis in schwer durchschaubaren Gebieten wie Geldwesen und Handel benutzen. Der wirtschaftliche Schaden, den diese „Täter mit weißem Kragen“ anrichten, beträgt nach Schätzungen der Kriminalpolizei jährlich über 150 Milliarden Mark. Die Dunkelziffer ist hoch: Den Betrügern fallen immer neue Tricks ein.
Wenn ein Chef zum Beispiel weiß, daß sein Unternehmen bald an eine größere Firma verkauft wird, könnte er über einen Strohmann noch schnell eine größere Zahl von Aktien aufkaufen. Nach Bekanntwerden des Verkaufs schnellen die Kurse sehr wahrscheinlich in die Höhe.

Konkurrieren Baufirmen um gewinnbringende staatliche Aufträge, bekommt in der Regel der Billigste den Auftrag. Gelegentlich aber sprechen sich die Inhaber heimlich und verbotenerweise ab, um bei allen die Preise in die Höhe zu treiben. Wer das günstigste Angebot machen darf, wird jeweils intern ausgehandelt und reihum verteilt. Offenbar werden auch gar nicht so selten Schmiergelder gezahlt, etwa an Beamte, die staatliche Aufträge zu vergeben haben. Die zusätzlichen Gewinne, die bei solchen Praktiken an die Firmen gehen, zahlen die Bürger mit ihren Steuergeldern.
Relativ häufig sind auch betrügerische Anlageberater. Sie versprechen ihren Kunden mit angeblich sensationellen Projekten für ihr Geld hohe Zinsen von bis zu 40 Prozent, das Vierfache dessen, was eine Bank vielleicht zahlt. In Wirklichkeit verschwinden sie nach dem Abkassieren mit dem Geld auf Nimmerwiedersehen ins Ausland. Die Geschädigten gehen oft nicht einmal zur Polizei, weil sie den Betrügern „Schwarzgeld“ gegeben hatten, also nicht versteuertes Geld; sie hatten sich also zuvor selbst strafbar gemacht.
Mit dem Computer sind heute Betrügereien möglich, die noch vor wenigen Jahren undenkbar waren. So hat schon ein cle-

Spezialisten in Schutzanzügen entnehmen Bodenproben in der Nähe von Seveso. Hier gelangte 1977 durch Leichtsinn der Herstellerfirma das gefährliche Gift Dioxin in die Umgebung.

verer Bankangestellter den Computer so manipuliert, daß sein Konto plötzlich einige hunderttausend Mark mehr aufwies. Während solche Unterschlagungen allerdings bei Überprüfungen bald auffallen, konnte ein anderer jahrelang sein Gehalt mit einem genialen Trick aufbessern: Er wies den Computer heimlich an, die beim Auf- und Abrunden rechnerisch entstehenden Bruchteile eines Pfennigs auf ein bestimmtes Konto zu buchen. Bei einer großen Bank, die täglich Tausende von Überweisungen bearbeitet, addieren sich selbst diese Bruchteile zu ganz ansehnlichen Beträgen.

Eine besondere Art von Erpressern dagegen sind die Software-Spezialisten, die einen „Computer-Virus" in den Computer der Bank einbauen und nur gegen eine hohe Geldsumme verraten wollen, wo er genau steckt. Solche kleinen Spezial-Computerprogramme sind schwer aufzuspüren, können aber unermeßlichen Schaden anrichten – etwa wenn sie den Befehl enthalten, zu einem bestimmten Datum alle Speicher zu löschen.

Für die Kriminalpolizei ist es sehr schwierig, solche Machenschaften aufzudecken, denn in der Regel fehlen den Beamten die nötigen Sachkenntnisse. Dennoch bleiben sie nicht ungesühnt: Nicht selten kommen Buchprüfer und Steuerfahnder des Finanzamts den Tätern auf die Spur.

Eine bösartige Form der Wirtschaftskriminalität ist die Verschmutzung der Umwelt. Die ordnungsgemäße Beseitigung gefährlicher Stoffe ist sehr teuer. Daher kippen manche Fuhrunternehmer Giftmüll einfach nächtens in Kiesgruben oder Mülldeponien, Firmen leiten Abwässer heimlich in die Kanalisation, Tankerkapitäne waschen ihre Tanks auf hoher See und pumpen das mit Rohöl oder Chemikalien verschmutzte Waschwasser über Bord. Lange Zeit waren solche Aktivitäten entweder gar nicht strafbar oder nur mit geringen Geldbußen bedroht und zudem kaum nachzuweisen.

In der letzten Zeit aber geht es Umweltsündern verstärkt an den Kragen. Spezielle Suchflugzeuge patrouillieren etwa über der Nordsee und können auch aus großer Höhe Ölverschmutzungen feststellen. Selbst mit Satelliten werden die Meere beobachtet. Ist ein Schiff als möglicher Ölsünder aufgespürt, werden Proben aus seinen Tanks mit einer Probe des Öls im Meer verglichen; stimmt ihre chemische Zusammensetzung überein, ist der Fall klar.

Wirtschaftskriminalität: Ein Umweltsünder pumpt flüssigen Giftmüll ins Meer, um die hohen Entsorgungskosten zu sparen.

Eine gerade erst erfundene, noch nicht eingeführte Methode zum Kennzeichnen von Öl und anderen gefährlichen Stoffen ist der „chemische Fingerabdruck", mit dessen Hilfe Umweltsünder in Zukunft leicht überführt werden können. Der Grundgedanke ist, gefährlichen Gütern schon bei der Herstellung stets kleine Mengen besonderer Stoffe zuzumischen, die noch in millionenfacher Verdünnung nachzuweisen sind. Jedes Produkt bekommt diese Stoffe in unterschiedlicher Kombination; und wenn irgendwo Giftmüll oder eine Gewässerverschmutzung aufgespürt wird, läßt sich dank dieser Stoffkombination der Hersteller feststellen.

Ein besonders skrupelloses Wirtschaftsverbrechen ist Rauschgifthandel. Er ist in mancher Hinsicht ein Geschäft wie andere auch – nur eben mit verbotenen Drogen wie Heroin, Kokain oder Haschisch.

Wie kommt man Rauschgifthändlern auf die Spur?

Die Gewinnspannen sind gewaltig: Die Organisationen, die den Rauschgifthandel betreiben, bekommen von den Zwischenhändlern in der Bundesrepublik mindestens das Zehnfache vom Preis in den Ursprungsländern des Gifts, etwa Ostasien oder Südamerika. Auch die Zwischenhändler verdienen gut, wenn sie den Stoff weiterverkaufen. Denn ihre Kunden sind auf sie angewiesen – wer einmal rauschgiftsüchtig ist, hat so unerträgliche körperliche Beschwerden, wenn die Wirkung der letzten Dosis nachläßt, daß er alles versucht, um an neuen Stoff zu kommen. Weil ein Süchtiger aber nicht mehr regelmäßig arbeiten kann, besorgt er sich das nötige Geld – rund 300 Mark pro Tag! – durch Straftaten wie Einbrüche oder Autodiebstähle; insgesamt verursachen die rund 130 000 von harten Drogen wie Heroin und Kokain Abhängigen in der Bundesrepublik Deutschland dadurch einen Schaden von über 30 Milliarden Mark pro Jahr.

Gelegentlich gibt es bei dem Geschäft auch Tote: Süchtige, die ihren Körper zugrunde gerichtet haben oder sich versehentlich eine zu hohe Dosis spritzen, oder Opfer von Bandenkämpfen unter den Zwischenhändlern um die besten Reviere. Meist aber läuft das Geschäft eher unauffällig und kommt nur dann in die Schlagzeilen, wenn Polizei oder Zollfahndung mal wieder eine größere Rauschgiftmenge aufgespürt haben.

Die Verfolgung dieser Kriminalität ist nicht leicht. Kein Süchtiger wird seinen Lieferanten verraten, denn dann schneidet er sich vom Nachschub an „Stoff" ab. So ist die Kripo auf Beobachtung der „Szene"

Tiernase gegen Drogenschmuggler: Die Wildsau „Luise", das erste Rauschgift-Suchschwein in Deutschland, im Einsatz.

angewiesen, ein recht mühsames und langwieriges Geschäft. Daher hat die Polizei ihre Rauschgiftdezernate in den letzten Jahren personell kräftig aufgestockt. Man versucht, den Handel lahmzulegen, indem man die Händler (die selbst nicht süchtig sind) ausspäht: Von wem bekommen sie ihre Ware? Wo verstecken sie sie? Wie kann man ihnen den Handel nachweisen? Mitunter müssen sich dazu Beamte des Rauschgiftdezernats selbst als Süchtige oder Kleinhändler ausgeben, um nach oft monatelangen Bemühungen einen Großhändler überführen oder gar einen Händlerring ausheben zu können.

Immerhin stehen den Fahndern wertvolle Helfer mit hochempfindlicher Spürnase zur Seite: Rauschgift-Hunde. Sie werden auf den Geruch der einzelnen Drogen trainiert und können den „Stoff" selbst in guten Verstecken wahrnehmen. Einige hundert dieser vierbeinigen Detektive sind bei Polizei und Zoll im Dienst. Sie sind übrigens keineswegs etwa selbst rauschgiftsüchtig. Man nützt vielmehr ihren Spieltrieb aus und trainiert sie auf den Geruch einer Droge, indem man ihr Lieblingsspielzeug damit „parfümiert". Mit der

Zeit verbinden sie Geruch und Spielzeug und bellen dann auch freudig, wenn sie nur den Geruch wahrnehmen.
Rauschgifthandel ist international, und so haben die Polizeibehörden vieler Länder in den letzten Jahren ihre Zusammenarbeit verstärkt und tauschen Informationen über neue Händlerringe, Schmuggelwege und Tricks aus. Die Vereinten Nationen zum Beispiel haben eine Rauschgiftkommission mit Sitz in Genf gegründet, in der Vertreter aller UNO-Nationen sitzen.

Haben wir gegen das organisierte Verbrechen eine Chance?

Der Handel mit Rauschgift ist aber nur eine, allerdings besonders gefährliche, Form von „organisierter Kriminalität". So bezeichnet die Polizei die Tatsache, daß immer mehr Berufsverbrecher nicht mehr einzeln arbeiten, sondern sich zu einer Organisation zusammengeschlossen haben, um effektiver und sicherer arbeiten zu können.
Solche Organisationen sind oft wie legale Firmen aufgebaut. Sie haben unterschiedliche Befehlsebenen, beschäftigen Spezialisten der verschiedensten Art (nicht zuletzt fähige Rechtsanwälte), bedienen sich modernster Technik und operieren weltweit in großem Maßstab. Geheimgesellschaften wie Mafia, Cosa Nostra oder Camorra sind nur ein Teil der organisierten Kriminalität. Wichtig dabei sind die „connections" – die weltweiten, kriminell nutzbaren Geschäftsverbindungen. Denn man ist aufeinander angewiesen: Wer in Kolumbien Rauschgift herstellt, ist von Transporteuren und Zwischenhändlern in Europa und Amerika abhängig, die ihm zuverlässig und unauffällig die Ware abnehmen und bezahlen.
Einer der Hauptgründe, warum das organisierte Verbrechen so erfolgreich arbeitet: Es befriedigt die Wünsche einer großen Zahl von Menschen – freilich verbotene Wünsche. Neben der Drogensucht ist es zum Beispiel der Wunsch nach einem großen Auto: Teure Luxuskarossen werden oft auf Bestellung gestohlen. In speziellen Werkstätten ändern Kraftfahrzeug-Mechaniker die Fahrgestellnummern, Fälscher liefern neue Papiere und dann geht die Ware ins Ausland. Immerhin verschwinden bei uns pro Jahr rund 20 000 Autos spurlos.
Mit fast allem, was verboten ist und dennoch von genügend reichen Leuten begehrt wird, machen die organisierten Kriminellen ihr Geschäft: Sie stehlen Kunstgegenstände, die in den Sammlungen begüterter Liebhaber verschwinden. Sie organisieren Glücksspiele in Ländern, wo diese nicht erlaubt sind. Sie beschaffen geschützte Tiere, deren Einfuhr streng untersagt ist.
Lukrativ ist auch der Handel mit Schwarzarbeitern. Sie werden ins Land geschmuggelt und dann auf Baustellen beschäftigt, ohne offiziell angemeldet und versichert zu sein, dafür aber zu einem niedrigeren Lohn als normale Arbeiter. Selbst öffentliche Bauten sind, wie man erst hinterher feststellte, zum Teil mit Schwarzarbeit hochgezogen worden.
Recht verbreitet sind die Mafia-Methoden der Erpressung von „Schutzgeldern". Mancher Lokalbesitzer bekommt eines

Schlag gegen den Drogenhandel: 3000 Kilogramm Kokain steckten, in Plastikbeuteln verpackt, in Fässern mit Passionsfruchtnektar.

Tages Besuch von einem Herrn, der ihm empfiehlt, sich gegen Brand oder schlimmere Dinge zu „versichern", indem er ihm regelmäßig eine bestimmte Geldsumme aushändigt. Wer sich weigert, findet oft morgens nur noch rauchende Trümmer seines Lokals vor – oder er wird zur Abschreckung der anderen „Kunden" als Leiche aufgefunden.
Mit all diesen Methoden werden ungewöhnlich große Mengen Geld verdient. Allein in Deutschland rechnen die Experten mit mindestens 200 Milliarden Mark pro Jahr; wahrscheinlich verdoppelt sich diese Summe in den nächsten zehn Jahren noch. Meist werden diese Summen zunächst „gewaschen", also ihre kriminelle Herkunft getarnt. Das geschieht zum Beispiel in Spielbanken: Das Geld wird in Spielmarken umgewechselt und diese später gegen einen Scheck der Spielbank zurückgetauscht. Wer will es nun der Geldsumme ansehen, ob sie kriminell erworben oder beim Spielen gewonnen wurde?

Zu den herkömmlichen kriminellen Organisationen kommen in steigendem Maße ungewöhnlich brutal arbeitende Banden aus den GUS-Ländern und anderen osteuropäischen Staaten, die von der Öffnung des „Eisernen Vorhangs" profitieren und sich jetzt ein Stück von diesem Kuchen abschneiden wollen.
Angesichts ihrer hohen Gewinne können es sich diese kriminellen Organisationen leisten, ihre Mitarbeiter gut zu bezahlen, damit sie schweigen. Die meisten tun das auch, nicht nur, um ihre sprudelnde Geldquelle nicht zu verstopfen, sondern auch, weil Mitarbeiter, die „aussteigen" wollten, nicht selten spurlos verschwanden. So läuft die organisierte Kriminalität recht unauffällig ab; Gewaltanwendung ist quasi ein „Betriebsunfall" – in der Regel reicht die Drohung.

Der amerikanische Gangsterboß Al Capone wurde in den zwanziger Jahren in Chikago durch Schmuggel verbotenen Alkohols reich und mächtig.

Wie wird das organisierte Verbrechen bekämpft ?

Der Kampf gegen gutgeführte Organisationen dieser Art ist ausgesprochen schwierig und mühevoll. Daher haben die Landeskriminalämter und das Bundeskriminalamt spezielle Abteilungen für organisierte Kriminalität eingerichtet.

Sie sammeln nicht nur Informationen, sondern versuchen auch, „verdeckte Ermittler“ als Mitglieder in die Organisationen einzuschleusen. Allerdings dürfen diese Beamten laut Gesetz keine Straftaten begehen. Gerade dadurch aber kann eine kriminelle Organisation sie leicht enttarnen – wer sich weigert, etwa an einem Einbruch teilzunehmen oder auch nur Schutzgeld zu kassieren, ist automatisch verdächtig. Stets ist langwierige Fahndungsarbeit nötig, um Verdächtige aufzuspüren, sie zu beobachten, ihre Treffen mit Kontaktleuten zu dokumentieren und in mühevoller Kleinarbeit die nötigen Beweise zu sammeln. Denn es hat wenig Sinn, das lehren vor allem Erfahrungen aus den Vereinigten Staaten, einzelne zentrale Figuren dieser Szene anzuklagen. Wichtiger ist es, die Strukturen der Organisation selbst aufzudecken und zu zerschlagen.

Zur Zeit nimmt die Zahl der kriminellen Organisationen rasch zu. Ein Grund dafür ist die Öffnung der Grenzen nach Osten, durch die russische und polnische Banden Deutschland als zusätzliches Betätigungsfeld nutzen können. Hier sind in den nächsten Jahren gewaltige Anstrengungen nötig, um dieser Organisationen Herr zu werden.

Wie muß eine Vernehmung ablaufen?

Wir leben in einem Rechtsstaat, und auch ein festgenommener Tatverdächtiger gilt so lange nicht als schuldig, bis er rechtskräftig von einem Gericht verurteilt worden ist. Das bedeutet, daß die Polizisten bei der Festnahme und Vernehmung eine Reihe von gesetzlichen Vorschriften beachten müssen.

Der Aufwand bei der Festnahme (von Verhaftung spricht man nur, wenn ein von einem Richter unterschriebener Haftbefehl vorliegt) richtet sich nach der Schwere der Straftat. Bei einem ertappten Ladendieb läuft die Aktion recht unauffällig ab. Überhaupt vermeiden die Polizisten möglichst jedes Aufsehen, nicht zuletzt als Schutz des Festgenommenen vor Tratsch von Nachbarn und Arbeitskollegen – zu dieser Zeit steht seine Schuld ja oft noch gar nicht fest. Handelt es sich um einen bewaffneten, gefährlichen Mörder, wird dagegen ein großes Aufgebot an Beamten nötig sein; möglicherweise kommt es sogar zu einem Schußwechsel.

Der Festgenommene wird in die Polizeidienststelle gebracht und vernommen. Auch die Vernehmung muß den gesetzlichen Vorschriften entsprechen, sonst wird sie vor Gericht nicht als Beweis anerkannt. Insbesondere muß ein Beschuldigter zuvor darüber aufgeklärt werden, was man ihm zur Last legt. Ihm wird mitgeteilt, daß er aussagen kann, aber nicht muß, und daß er sich einen Verteidiger wählen und sich mit ihm beraten kann. Verboten ist, den Festgenommenen zu quälen (auch seelisch), also ihm Schmerzen zu bereiten, ihn hungern, dürsten oder frieren zu lassen, den Schlaf zu entziehen oder ihm Medikamente oder Drogen einzugeben. Selbst Täuschung ist verboten – etwa in dem Sinne: „Dein Freund Fritz hat längst gestanden, du hast also keine Chance“, wenn das gar nicht stimmt. Wohl aber kann man ihn an

die Leiche des Ermordeten führen – legt er, überwältigt, ein Geständnis ab, gilt das nicht als durch seelische Qual erlangt.
Im allgemeinen wird man ruhig mit ihm debattieren, nach seiner Darstellung der Ereignisse zum Tatzeitpunkt fragen und ihn mit Widersprüchen in seinen Aussagen oder mit bereits festgestellten Sachverhalten konfrontieren. Wenn der Tatzeitpunkt bekannt ist, wird der Vernehmende vor allem herauszufinden suchen, was der Verdächtige zu dieser Zeit tat und wo er sich aufhielt. Der kann sich nicht erinnern? Das beweist noch gar nichts – wer von uns weiß schon auf Anhieb, wo er zum Beispiel vor 21 Tagen um 13 Uhr war? Wenn der Verdächtige nachweisen kann, daß er zur fraglichen Zeit „anderswo" (das bedeutet das lateinische Wort Alibi) war und auch Einzelheiten und Zeugen nennen kann, die einer polizeilichen Überprüfung standhalten, wird seine Täterschaft recht unwahrscheinlich. Stellt sich ein freiwillig gegebenes Alibi dann freilich als falsch heraus, ist ihm die besondere Aufmerksamkeit der Kripobeamten sicher.

Wie kommt es zu Verurteilung und Strafe?

Hat der Verdächtige freiwillig ein Geständnis abgelegt oder reichen die Beweise nach Meinung der Kriminalbeamten für eine Verurteilung aus, gibt die Polizei den Fall weiter an die Staatsanwaltschaft. Sie entscheidet, ob sie nun von Staats wegen Anklage erhebt und damit das Gerichtsverfahren einleitet. Strafrechtlich gesehen ist die Polizei ein Hilfsorgan der Staatsanwaltschaft.
Staatsanwälte gibt es in Deutschland erst seit 1877. Zuvor waren bei den Gerichten Ankläger und Richter eine Person. Das aber führte zu Machtmißbrauch, zur Einschüchterung des Verdächtigen und in der Folge nicht selten zu Fehlurteilen. Mitunter wurden Menschen zum Tode verurteilt und hingerichtet, und erst hinterher stellte sich ihre Unschuld heraus. Nicht zuletzt deshalb haben viele Länder die Todesstrafe abgeschafft.

In der Justizvollzugsanstalt Straubing sitzen 800 Häftlinge ihre jahrelangen Strafen ab.

So trennte man schließlich Rechtsprechung und Anklage. Der Staatsanwalt muß zwar den Verdächtigen anklagen und Beweise für seine Schuld sammeln, er ist aber genauso verpflichtet, auch entlastendes Material zu ermitteln.
Schließlich kommt es zum Prozeß. Der gesamte Hergang der Tat wird untersucht, Zeugen sagen aus, Gutachter tragen ihre Ergebnisse vor. Der Staatsanwalt als Ankläger und der Verteidiger des Angeklagten stellen ihre Sicht der Dinge dar. Nach Würdigung aller Beweise, Aussagen und etwaiger Entlastungsmomente spricht der Richter dann das Urteil: Er schickt den Angeklagten ins Gefängnis, verurteilt ihn zu einer Geldstrafe oder spricht ihn, wenn die Beweise doch nicht ausreichten, frei.
Doch trotz aller Bemühungen von Polizei und Justiz: Aussterben wird das Verbrechen nicht; der Wettlauf zwischen Polizei und Straftätern geht weiter. Eine vollständige Überwachung jeden Bürgers ist in unserer freiheitlichen Gesellschaft unmöglich und unerwünscht. Wir müssen damit leben, daß einzelne diese Freiheit auf ihre Art mißbrauchen.

WAS IST WAS
BAND 74
Natur-katastrophen
Tessloff

WAS IST WAS
BAND 75
Fahnen und Flaggen
Tessloff

WAS IST WAS
BAND 76
Die Sonne
Tessloff

WAS IST WAS
BAND 77
Tierwanderungen
Tessloff

WAS IST WAS
BAND 78
Münzen und Geld
Tessloff

WAS IST WAS
BAND 79
Moderne Physik
Tessloff

WAS IST WAS
BAND 86
Elefanten

WAS IST WAS
BAND 87
Türme
Tessloff

WAS IST WAS
BAND 88
RITTER
Tessloff

WAS IST WAS
BAND 89
Menschenaffen
Tessloff

WAS IST WAS
BAND 90
Der Regenwald
Tessloff

WAS IST WAS
BAND 91
Brücken
Tessloff

WAS IST WAS
BAND 98
Kriminalistik
Dem Täter auf der Spur
Tessloff

WAS IST WAS
BAND 99
Sternbilder und Sternzeichen
Tessloff

WAS IST WAS
BAND 100
Multimedia und virtuelle Welten
Tessloff

WAS IST WAS
BAND 101
Geklärte und ungeklärte Phänomene
Tessloff

WAS IST WAS
BAND 102
Unser Kosmos
An den Grenzen von Raum und Zeit
Tessloff

WAS IST WAS
BAND 103
Demokratie